Mehrkriterielle Entscheidungen

Von

Dr. Karl Weber

Professor für Betriebswirtschaftslehre
an der
Justus-Liebig-Universität Gießen

R. Oldenbourg Verlag München Wien

Die Deutsche Bibliothek — CIP-Einheitsaufnahme

Weber, Karl:
Mehrkriterielle Entscheidungen / von Karl Weber. — München ;
Wien : Oldenbourg, 1993
  ISBN 3-486-22166-3

Gesamtherstellung: WB-Druck, Rieden

ISBN 3-486-22166-3

Vorwort

Ziel der vorliegenden Arbeit ist es, dem Leser einen Überblick über die wichtigsten Verfahren zur Vorbereitung mehrkriteriell abgestützter Entscheidungen zu vermitteln. Besondere Beachtung wird dabei der - in der deutschen Literatur wenig behandelten - AHP-Methode (Analytic Hierarchy Process) geschenkt. Der AHP-Ansatz basiert auf Forschungsarbeiten von Thomas L. Saaty (University of Pittsburgh) und einer Reihe weiterer, mit der Saaty-Schule eng verbundener oder aus ihr hervorgegangener Autoren.

Die AHP-Methodologie gelangt im allgemeinen computergestützt zum Einsatz, was im Rahmen dieser Arbeit exemplarisch durch Verwendung leistungsfähiger Spezialprogramme - AutoMan, Criterium 1.1 und Expert Choice - aufgezeigt wird.

Der Einsatzbereich von AHP ist keineswegs nur auf wirtschaftswissenschaftlich orientierte Problemstellungen begrenzt. Dies zeigen die - von Professor Saaty zur Erstveröffentlichung in dieser Arbeit zur Verfügung gestellten - Ergebnisse einer Untersuchung über den Ausgang der Präsidentschaftswahlen in den USA; gleichzeitig wird durch diese Fallstudie die Möglichkeit des AHP-Einsatzes für Prognosezwecke verdeutlicht.

Bei der Bearbeitung und drucktechnischen Aufbereitung der eigenen Beispiele wurde ich von den wissenschaftlichen Mitarbeitern der Professur für Betriebswirtschaftslehre V, den Herren Dipl.-Kfm. Jürgen Horn, Dipl.-Kfm. Hans-Ulrich Niedner und cand.rer.oec. Robert Latka, unterstützt. Die Schreibarbeit oblag der Institutssekretärin, Frau Ute Schneider.

Für diese vielfältige und nachhaltige Mitarbeit danke ich bestens.

Karl Weber

Inhaltsverzeichnis

X

Abbildungsverzeichnis

Tabellenverzeichnis

1   Einleitung

Verfahren zur mehrkriteriellen Abstützung von Entscheidungen (multicriteria decision aids) finden in Literatur und Praxis in zunehmendem Maße Beachtung. Dies gilt sowohl für die multiobjektiv als auch für die multiattributiv ausgerichteten Verfahren.

Die *multiobjektiven Verfahren* (multiobjective decision methods) werden zur Vorbereitung von Entscheidungen bei mehrfacher Zielsetzung benutzt und finden ihre hauptsächlichste Ausprägung in den Methoden des Goal Programming.

Die zur Gruppe der *multiattributiven Verfahren* (multiattributive decision methods) zählenden Ansätze dienen - unter systematischem Einbezug mehrerer Kenngrößen - zur Evaluation komplexer Systeme und ihnen zugeordneter Projekte. Zu dieser Verfahrensgruppe gehört - neben einer Reihe einfacherer Ansätze - insbesondere auch die AHP-Methodologie.

Die zum generellen Verständnis und zur Einordnung dieser *Methoden oder Verfahren* - beide Ausdrücke lassen sich alternativ verwenden - erforderlichen Konzepte werden im ersten Hauptteil kurz zusammengefaßt.

In den anschließenden Kapiteln werden die - nach Ansicht des Verfassers - theoretisch und/oder praktisch besonders bedeutsamen Verfahren ausführlich dargestellt. Über eine Reihe weiterer Verfahren werden nur kursorische Überblicke vermittelt. Zahlreiche andere - als praktisch unbedeutsam eingestufte - Verfahren bleiben unberücksichtigt.

Ein umfangreiches Schrifttumsverzeichnis soll dem Leser den Zugang zur Basisliteratur erleichtern. Verwiesen sei auch auf die Literaturauswertungen in Kapitel 6. Die dort und in den übrigen Kapiteln angeführten - *kursiv* gedruckten - Nummern verweisen auf die entsprechenden Positionen im Literaturverzeichnis.

Aus der Lehrbuchliteratur sind die in Tabelle 1 aufgeführten Publikationen besonders hervorzuheben.

2   Grundlagen

Multikriterielle Entscheidungen fallen im Rahmen von sozio-technischen Systemen in großer Zahl und Vielfalt an. Der *Entscheidungsprozeß* erfolgt - unter einfachsten Verhältnissen - in drei Stufen, die kurz als

- Alternativenspezifikation
- Alternativenbearbeitung
- Alternativenselektion

umschrieben werden können.

Tabelle 1. Lehrbuchliteratur, Auswahl

Sprache	Verfasser
deutsch	Schneeweiß (1991) Zimmermann/Gutsche (1991)
englisch	Canada/Sullivan (1989) Dyer/Forman (1991) Saaty (1990)
französisch	Merunka (1987)

Die erste Arbeitsphase besteht in der Definition und Zusammenstellung relevant erscheinender und sich inhaltlich wesentlich voneinander unterscheidender Alternativen zur Bewältigung vorgegebener Aufgaben. Solche Alternativen werden kurz als *Entscheidungsalternativen* (decision opportunities) bezeichnet [*194*, p. 467].

Die zweite - von Fachexperten zu bewältigende - Arbeitsphase besteht in einer multikriteriell ausgerichteten *Analyse* von Entscheidungsalternativen. Die dabei zum Einsatz gelangenden Verfahren können entweder *multiobjektiv oder multiattributiv* orientiert sein.

Die Alternativenselektion obliegt den Entscheidungsträgern und basiert auf einer differenzierten Evaluation der im Rahmen der zweiten Phase erarbeiteten Resultate.

Zur Bewältigung dieser Aufgaben ist - vgl. Abbildung 1 - eine entsprechende *Infrastruktur* erforderlich; sie umfaßt ein

- Personalsystem
- Datenverarbeitungs-/Informationssystem
- Kommunikationssystem.

Im *Personalsystem* werden Entscheidungsträger und Fachexperten, inklusive externe Berater, zusammengefaßt.

Das *Datenverarbeitungssystem* dient insbesondere zur Erfassung und Aufbereitung der erforderlichen Basisdaten sowie zu deren Aufarbeitung mit speziell für multikriterielle Entscheidungen entwickelten Softwarepaketen.

Das *Kommunikationssystem* soll eine - auf die Fachkenntnisse der Berichtsempfänger ausgerichtete - Ergebnisaufbereitung sicherstellen.

Die folgenden Ausführungen vermitteln Grundkonzepte, die für das allgemeine Verständnis multikriterieller Entscheidungsprozesse wesentlich erscheinen.

21   Systeme und Modelle

Systeme und Modelle bilden eine wichtige Grundlage für das Verständnis mehrkriterieller Entscheidungsverfahren.

211   Systeme

Jedes *System* kann als eine Menge miteinander in Verbindung stehender Elemente aufgefaßt werden.

Eine etwas differenziertere Defintion lautet wie folgt:

Ein System ist eine Menge von zwei oder mehr Elementen, die durch Attribute spezifiziert werden und untereinander in geregelter Beziehung stehen.

Abbildung 1. Multikriterielle Entscheidungen, Gesamtzusammenhang

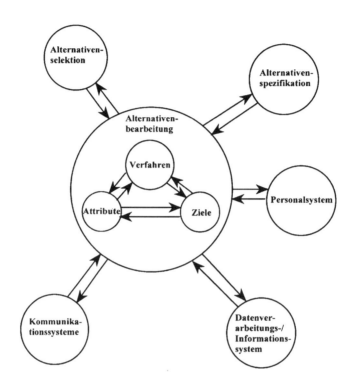

Dabei bezeichnen *Elemente* klar voneinander abgegrenzte Objekte der Anschauung bzw. des Denkens, die als Teile eines Systems nicht mehr weiter untergliedert werden sollen oder können. *Attribute* sind von Menschen wahrgenommene oder gedachte Phänomene. Sie werden elementbezogen durch Angabe spezifischer *Merkmalsausprägungen* und deren Kombination konkretisiert, wobei solche Merkmalsausprägungen durch qualitative oder quantitative *Daten* - zeitpunkt- und/oder zeitraumbezogen - erfaßt und weiter aufbereitet werden können.

Die Art der Datenaufbereitung hängt ihrerseits von Intensität und Vielfalt der zwischen den Systemelementen bestehenden *Beziehungen* - und damit vom allgemeinen

Komplexitätsgrad der zu bearbeitenden Systeme - ab.

Der relativ hohe Komplexitätsgrad wirtschaftswissenschaftlich relevanter Systeme ist - jedenfalls teilweise - dadurch bedingt, daß sie durchwegs offen und zweckorientiert sind.

Offene Systeme weisen Umweltbeziehungen auf, die im Transfer von Daten, Gütern und/oder Leistungen zum Ausdruck kommen. Dies besagt, daß ein (Basis-)System von einem Kreis relevanter Umsysteme beeinflußt werden kann (Input) oder sie zu beeinflussen vermag (Output). Die *Zweckorientierung von Systemen* ergibt sich aus der Vorgabe von Wert-, Sach- und/oder Sozialzielen.

Literaturstudium

Die folgenden Hinweise sollen zu einem vertieften Studium - unter möglichst weitgehendem Rückgriff auf die Basisliteratur - angregen.

Die wichtigsten Beiträge zur Systemtheorie finden sich in der amerikanischen Literatur, wobei grundlegende Arbeiten vielfach in Sammelwerken zusammengestellt sind [52; 71, p. 9-38]. Vereinheitlichte Grundbegriffe liegen allerdings noch nicht vor; verwiesen sei diesbezüglich auch auf die umfangreiche Literaturstudien schwedischer Autoren [268, p. 32-47; 189].

Unter den meistverwendeten Systembegriffen ist derjenige von A. D. Hall/R. E. Fagan besonders hervorzuheben [154, p. 60]; er wird auch von europäischen Autoren verwendet [152, S. 4; 416, S. 12].

A system is a set of objects together with relationships between the objects and between their attributes.

Teilweise wird statt von Systemobjekten bevorzugt von Systemelementen gesprochen [268, p. 32]:

The objects which constitute the parts of the system [are] referred to as elements, the varying properties of which are expressed through their attributes.

Die zwischen den einzelnen Grundkonzepten bestehenden Verbindungen ergeben sich auch klar aus der folgenden - sukzessive vom allgemeinen Systembegriff zu offenen und zielorientierten Systemen überführenden - Definitionskette [242, p. 29-30].

A system is a set possessing the following necessary conditions: (1) It contains two or more elements with specific properties. (2) It contains relations (connecting the elements of the system with each other) and qualities of those which in turn lend structure, holistic properties, as well as possible regulators to the system enabling also its transformation. (3) It is embedded in an environment containing additional inter-related elements. (4) The boundaries between the system and its environment are determined by the system's elements and relations, and are sufficiently sharp and permanent to consider the system as an entity. (5) It contains at least one relation between an element of the system and an element of the environment (open system). (6) It has evolved or been created to tend toward a goal (goal-directed system).

Vermerkt sei, daß in der amerikanischen Literatur noch keine einheitliche Auffassung über die begrifflichen Unterschiede zwischen "objective" und "goal" bestehen. Immerhin läßt sich eine gewisse Annäherung an die Auffassungen von R. L. Ackoff feststellen [71, p. 33]. Danach bezeichnen die beiden Begriffe langfristig anzustrebende resp. innerhalb einer vorgegebenen Zeitperiode zu erreichende Ziele [173, p. 12-13].

While objectives give the desired direction, goals give a desired (or target) level to achieve.

212   Modelle

Weitgehend anerkannt wird der folgende *Modellbegriff*:

Modelle sind durch einen Abstraktionsprozeß gewonnene Abbildungen komplexer Systeme.

Die Modellbildung ist grundsätzlich auf bestimmte Einsatzbereiche abzustimmen, wobei auch auf theoretische und praktische Kenntnisse potentieller Modellbenutzer angemessen Rücksicht zu nehmen ist.

Einfache Modelle begnügen sich im allgemeinen mit einer - möglicherweise graphischen - Darstellung von Input-/Outputbeziehungen. Derartige Systemabbildungen können insbesondere die Funktion von *Beschreibungsmodellen* übernehmen. Dem gegenüber weisen Erklärungs-, Prognose- und Entscheidungsmodelle komplexere Strukturen auf.

Bezüglich der *Entscheidungsmodelle* drängt sich eine Differenzierung zwischen uni- und multikriteriell ausgerichteten Modellen auf.

Zu den unikriteriellen Modellen gehören insbesondere auch die LP-Modelle (Lineare Programmierung). Für sie ist die *Ausrichtung auf ein einziges Effektivitätsmaß*, dessen Ausprägung zu maximieren bzw. zu minimieren ist, charakteristisch. Die LP-Modelle können deshalb auch als *uniobjektive Modelle* bezeichnet werden.

Für ein *Minimumproblem* läßt sich der LP-Ansatz in der Form

$$\text{Min } \mathbf{cx}$$
$$\text{NB } \mathbf{Ax} = \mathbf{b}$$
$$\mathbf{x} \geq \mathbf{0}$$

darstellen. Dabei bezeichnet der Zeilenvektor $\mathbf{c} = (c_1, c_2, \ldots, c_n)$ die Zielfunktions-koeffizienten; der Spaltenvektor $\mathbf{x} = (x_1, x_2, \ldots, x_n)'$ umfaßt die Problemvariablen. Die technischen Koeffizienten sind aus der (m,n)-Matrix $\mathbf{A} = (a_{ij})$ ersichtlich. Der Spalten-vektor $\mathbf{b} = (b_1, b_2, \ldots, b_m)'$ zeigt die einzuhaltenden Grenzwerte; außerdem ist $\mathbf{0}$ ein n-dimensionaler Nullvektor.

Als Beispiel eines *nichtlinearen Modells* sei das folgende (Quadratische Programmie-rung) angeführt:

$$\text{Min } f(\mathbf{x}) = \mathbf{px} + \mathbf{x'Cx}$$
$$\text{NB } \mathbf{Ax} = \mathbf{b}$$
$$\mathbf{x} \geq \mathbf{0}$$

Hier bezeichnet $\mathbf{p}$ einen n-dimensionalen Zeilenvektor gegebener Konstanten; die Matrix $\mathbf{C}$ ist symmetrisch; ferner ist $\mathbf{x'Cx}$ positiv semidefinit und eine konvexe Funktion für alle $\mathbf{x}$. Da $\mathbf{px}$ linear ist, ergibt sich für $f(\mathbf{x})$ eine konvexe Funktion.

Der Übergang von uni- zu *multiobjektiven Modellen* erfolgt dadurch, daß die einfache Zielfunktion $f(\mathbf{x})$ durch

$$\mathbf{f(x)} = [f_1(\mathbf{x}), f_2(\mathbf{x}), \ldots, f_k(\mathbf{x})]$$

ersetzt wird. Falls weiterhin bezüglich der erzielbaren Teilergebnisse

$$z_i = \{f_i(\mathbf{x} \mid \mathbf{x} \in \mathbf{F}\}, \ i = 1(1)k$$

eindeutige Präferenzstrukturen bestehen, gilt für die im Rahmen der Menge zulässiger Alternativen $\mathbf{F}$ erzielbare Optimallösung $\mathbf{z(x^*)}$ bei Minimumaufgaben $\mathbf{z(x^*)} \leq \mathbf{z(x)}$

Neben den uni- und multiobjektiven Modellen wird in der modernen OR-Literatur den *multiattributiven Modellen* in zunehmendem Maße Beachtung geschenkt.

Die multiobjektiven und multiattributiven Modelle werden im folgenden kurz als multikriterielle (Entscheidungs-)Modelle bezeichnet.

Literaturstudium

Zu den vorerwähnten Konzepten liegt eine sehr umfangreiche Literatur vor; verwiesen sie etwa auf die Arbeiten von F. Rosenkranz [*273, 274*] und die dort angeführten Publikationen.

Zu beachten ist, daß der Modellbegriff in der amerikanischen Literatur im allgemeinen undifferenziert umschrieben wird, wie das folgende Beispiel zeigt [*337*, p. 4].

A model is a representation of the system.

Sinnvoll erscheint es - im Anschluß an S. v. Känel [*405*, S. 277] - die Begriffsumschreibung unter Einbezug der Modellbenutzer vorzunehmen. Dies in dem Sinne, daß dem Modellbenutzer (Drittsystem) via Modell (Zweitsystem) die Erfassung oder Beherrschung des Basisystems ermöglicht, erleichtert oder ersetzt werden soll.

Aus dieser Sicht ergibt sich folgender Modellbegriff [*416*, S. 17]:

Modelle sind durch einen Abstraktionsprozeß gewonnene und Drittsystemen dienenden Abbildungen komplexer Basisysteme.

22   Daten und Methoden

Multikriteriell abgestützte Entscheidungen sind grundsätzlich nur auf der Basis zweckorientiert aufbereiteter Daten zu treffen.

In weit aufgefaßtem Sinne bezeichnen *Daten* Gruppen nicht zufälliger Symbole, die Vorgänge oder Zustände darstellen. Sie können im speziellen auch Angaben über die Ausprägung von Systemattributen vermitteln.

Vom vorerwähnten Daten- ist der Informationsbegriff zu unterscheiden. *Informationen* bezeichnen zweckorientiertes Wissen. Der für den Entscheidungsträger relevante *Informationsstand* kann durch Zugang neuer - auch durch den praktischen Einsatz von multikriteriell ausgerichteten Entscheidungsstützungsverfahren gewonnener - Informationen erhöht werden. Der Wert der *Zusatzinformationen* hängt von deren Relevanz, Zeitigkeit und Genauigkeit ab.

Die Zahl der multikritierellen *Entscheidungs-(stützungs-)verfahren* ist groß. Neben den in Abschnitt 222 angeführten Techniken, ist noch zusätzlich auf Verfahren aus dem Bereich des "Fuzzy Multiattributive Decision Making" [63] zu verweisen; letztere bleiben im Rahmen dieser Arbeit allerdings unberücksichtigt.

221 Datenspektrum

Attributsausprägungen lassen sich durch *qualitative und quantitative Daten* vermitteln, wobei deren weitere Aufbereitung vom erreichten *Skalenniveau* mitbestimmt wird.

Üblicherweise wird zwischen vier verschiedenen *Meßskalen* unterschieden, für die sich die Bezeichnungen Nominal-, Ordinal-, Intervall- und Rationiveau durchgesetzt haben; vgl. Tabelle 2.

Nominal- und Ordinalskalen gehören zur *Klasse der nichtmetrischen*, Intervall- und Ratio-(Verhältnis-)Skalen zur Klasse der *metrischen Skalen*.

Nominalskalen lassen nur die merkmalsorientierte Zählung der verfügbaren Datensätze zu; *Ordinalskalen* erlauben bereits die Erstellung von Rangordnungen. Auf der Ebene der *Intervallskalen* sind die arithmetischen Operationen Addition und Subtraktion, auf dem Niveau der *Verhältnisskalen* zusätzlich auch Division und Multiplikation möglich.

Besonders hervorzuheben sind die mit den einzelnen Skalenniveaus verbundenen typischen *Kennwerte*; so ist etwa die Berechnung des geometrischen resp. harmonischen Mittels erst für Verhältniszahlen möglich [*412*, S. 26-27].

Die in Tabelle 2 aufgeführten Skalen können noch durch eine *Absolutskala* ergänzt werden. Sie besteht aus reellen Zahlen, für die alle mathematischen Operationen erlaubt sind [*451*, S. 12-13].

Tabelle 2. Maßskalen

Skala	Messung	Charakte-risierung	Mathematische Gruppenstruktur/ Funktionstyp	Typische Kennwerte/ Tests
Nicht-metrisch	Nominalniveau	-	Permutationsgruppe (permutation group) y = f(x)	Modus / Kontingenzkoeffizient
	Ordinalniveau	Ordnung	Isotonische Gruppe (isotonic group) y = f(x) Streng monoton steigende Funktion	Median Quartile Dezile Perzentile Rangkorrelation / Zeichentest Iterationstest
Metrisch	Intervallniveau	Ordnung, Abstand	Allgemeine lineare Gruppe (general linear group) y = a + bx Positive lineare Funktion mit reellen Parametern a, x und b > 0	Arithmetisches Mittel Durchschnittliche Abweichung Standardabweichung Produkt-Moment-Korrelation / t-Test F-Test
	Rationiveau	Ordnung, Abstand, Nullpunkt	Ähnlichkeitsgruppe (similarity group) y = cx Ähnlichkeitsfunktion mit reellem Parameter c > 0	Geometrisches Mittel Harmonisches Mittel Variationskoeffizient

Literaturstudium

Die in Tabelle 2 aufgeführte Skaleneinteilung geht auf S. Stevens [361] zurück. Von diesem Forscher wird nunmehr eine etwas modifizierte Gliederung präferiert und neu zwischen linearen und logarithmischen Intervallskalen unterschieden [362, p. 176-177]; außerdem wird die Ratioskala auch als Nullpunkt-Skala bezeichnet. Zusammenfassende Darstellungen finden sich bei in den späteren Arbeiten von S. Stevens [363, p. 22; 364, p. 25]. Vorschläge zu differenzierteren Skalierungen macht W. Torgerson [378, p. 15-21].

In der deutschen Literatur wird die Aufteilung in Nominal-, Ordinal- und Kardinal-Skalen bevorzugt, wobei die letzteren die Intervall-, Ratio- und Absolutskalen umfassen [221, S. 26-27].

222   Methodenspektrum

Es wird empfohlen, die Gesamtheit der *multikriteriellen Methoden* in *zwei Gruppen* einzuteilen, von denen die eine die multiobjektiven und die andere die multiattributiven Ansätze umfaßt.

Die *multiobjektiven Methoden* (multiobjective methods) sind dadurch charakterisiert, daß mehrere Ziele explizit vorgegeben werden, die unter Beachtung klar definierter Restriktionen anzustreben sind.

Multiobjektive Methoden dienen zur Erarbeitung von Lösungen für Probleme mit mehreren, teilweise konfliktären, jedenfalls aber quantifizierbaren Zielen, die unter Einhaltung vorgegebener Restriktionen bestmöglich zu erreichen sind.

Die multiobjektiven Methoden lassen sich weiter in verschiedene Subklassen einteilen. Vgl. Tabelle 3, die sich - stark vereinfacht - an die Taxonomie von C.-L. Hwang/A. Masud [*173*, p. 8] anlehnt.

Zunächst ist zwischen *Verfahren ohne resp. mit Zielpräferenzartikulation* zu unterscheiden.

Die der ersten Gruppe zuzuordnenden Methoden dienen zur Erarbeitung global akzeptabler Problemlösungen (global criterion methods). Sie werden hier kurz unter der Bezeichnung Global Programming zusammengefaßt.

Die übrigen Verfahrensgruppen setzen Zielpräferenzartikulationen voraus. Diese können vor, während oder nach der Modellauswertung erfolgen und führen damit - indirekt - auch zu einer Vorselektion der zur Problembearbeitung verwendbaren Methoden.

Die *multiattributiven Methoden* (multiattributive methods) sind dagegen primär auf eine im voraus begrenzt festgelegte Zahl von Attributen und deren vergleichsweise Gewichtung im Hinblick auf eine - eventuell nur implizit erkennbare - Zielvorgabe ausgerichtet.

Multiattributive Methoden dienen zur Evaluation komplexer Systeme auf der Basis einer begrenzten Zahl genau spezifizierter Attribute und unter Fokussierung auf ein Globalziel.

Tabelle 3. Multiobjektive Methoden

Zielpräferenzartikulation		Methoden
zeitlich	formal	
entfällt	-	Globale Programmierung
a priori	ordinal	Rangfolgeverfahren
	kardinal	Bewertungsverfahren Restriktionsverfahren
progressiv	Austauschraten, explizit	Interaktives Goal Programming Nutzenfunktionsverfahren
	Austauschraten, implizit	Approximationsverfahren Referenzpunktverfahren Interaktives MOLP-Verfahren
a posteriori	Austauschraten, implizit	MOLP-Verfahren Parametrische Verfahren

Auch die multiattributiven Methoden lassen sich in *Subklassen* einteilen. Vgl. Tabelle 4, die sich bezüglich der Methodenbezeichnung an die amerikanische Literatur [*174*, p. 9] und an die unmittelbar daraus abgeleitete Terminologie hält [*454*, S. 28].

Tabelle 4. Multiattributive Methoden

Vergleichscharakteristik		Methoden
Bezugsbasis	Wichtung	
Standard		Satisfizierungsverfahren
Attribute	ordinal	Elemininationsverfahren Lexikographische Verfahren
	kardinal	Lineare Zuordnungsverfahren Einfach additive Gewichtungsverfahren Hierarchisch additive Gewichtungsverfahren

Vermerkt sei, daß in der vorstehenden Tabelle lediglich die - nach Ansicht des Verfassers - besonders wichtig erscheinenden Verfahren aufgeführt sind. Sie werden in den Folgekapiteln ausführlicher behandelt; die dabei separat dargestellte AHP-Methode ist den hierarchisch additiven Gewichtungsverfahren zuzuordnen [*174*, p. 114].

Literaturstudium

Einen Gesamtüberblick über die multikriteriellen Methoden vermitteln die Arbeiten von Hwang/Masurd [*173*] und Hwang/Yoon [*174*].

Aus der deutschen Literatur ist vor allem auf die Arbeiten von Schneeweiß [*340*] und Zimmermann/Gutsche [*451*] zu verweisen. Einen umfassenden Überblick über die multiobjektive Methoden vermittelt R. Trzebiner [*381*].

23   Projektbearbeitung

Die Projektbearbeitung muß daten- und methodenadäquat erfolgen und zu möglichst aussagefähigen Ergebnissen führen.

Generell sind *Objekt und Zweck* jeder Untersuchung genau zu spezifizieren; auf zeitlich, räumlich und/oder personell bedingte Einschränkungen ist hinzuweisen, sofern die Untersuchungsergebnisse zur Veröffentlichung vorgesehen sind.

Letzterenfalls sind auch die verwendeten *Methoden* soweit zu beschreiben, daß ein Nachvollzug der Untersuchung konzeptionell - und bei Verfügbarkeit des benutzten Datenmaterials auch praktisch - möglich ist. Soweit benutzte *Daten(quellen)* offengelegt werden, sind auch Hinweise auf Art und Umfang nachträglich vorgenommener Datenaufbereitungen erwünscht. Nichtfreigabe wesentlicher prozeduraler Besonderheiten kann Zweifel an der Zuverlässigkeit und Aussagefähigkeit der vermittelten Resultate aufkommen lassen.

Im Zuge der Projektbearbeitung aufgetretene *Besonderheiten* - auch Schwierigkeiten - sind zu verdeutlichen, wenn dadurch die Relevanz der Untersuchungsergebnisse beeinfluß wird.

Die *Resultataufbereitung* hat so zu erfolgen, daß die wichtigsten *Untersuchungsergebnisse* in konziser und aussagefähiger Form unverändert in einen Schlußbericht übernommen werden können.
Auf dieser Basis sollte es möglich sein, anhand multikriterieller Verfahren Ergebnisse zu gewinnen, die den *Grundanforderungen*

- Validität
- Verständlichkeit und
- Verwendbarkeit

in weitestgehendem Maße entsprechen und dadurch einen

               - hohen Grad von Benutzerakzeptanz

erreichen.

Literaturstudium

Zu den Forschungsmethoden im allgemeinen vgl. C. Emroy [104].

3   Standardverfahren

Die Zahl der - insbesondere in der amerikanischen Literatur - diskutierten multikriteriellen Verfahren ist recht groß. Andererseits haben sich nur wenige Ansätze in Theorie und Praxis als *Standardverfahren* etabliert. Die hervorragendsten werden im folgenden ausführlich behandelt, wobei weiterhin - im Sinne der Ausführungen in Abschnitt 222 - zwischen multiobjektiven und multiattributiven Methoden zu differenzieren ist.

31   Multiobjektive Verfahren

Unter den multiobjektiven Verfahren kommt dem Goal Programming - von deutschen Autoren auch als *Zielprogrammierung* bezeichnet - die größte Bedeutung zu. Von manchen Autoren wird Goal Programming allerdings sehr zurückhaltend beurteilt [*448*, p. 433].

311   Goal Programming

Unter der Bezeichnung Goal Programming wird eine Gruppe von Verfahren zusammengefaßt, die auf eine satisfizierende Erreichung vom Entscheidungsträger fest vorgegebener Ziele ausgerichtet sind.

Die für das Goal Programming charakteristischen *Zielvorgaben* (numerical goals) werden üblicherweise mit g_i , $i = 1(1)k$, bezeichnet. Sie sind möglichst genau einzuhalten; *Zielabweichungen* sind zu minimieren. Mithin gilt für alle Zielvorgaben

$$Min \sum_i | \sum_j (g_i - c_{ij}x_j) |,$$

wobei g_i , $i = 1(1)k$, die Aspirationsniveaus,

$\quad$ x_j , $j = 1(1)n$, die Entscheidungsvariablen

und

   c_{ji} deren Koeffizienten

darstellen.
Bei unterschiedlichen Maßgrößen sind die Zielvorgaben inkommensurabel.

Dies trifft auch für alle Zielabweichungen zu, die im folgenden in der Form

   $|\, g_i - f_i(\mathbf{x})\,|$

dargestellt werden.

Im Rahmen des Goal Programming wird weiterhin zwischen *positiven und negativen Zielabweichungen* differenziert, die mit p_i resp. n_i bezeichnet werden. Damit ergibt sich die Möglichkeit zu einer genauen Formulierung der vom Entscheidungsträger artikulierten Zielvorvorgaben.

Falls der Vorgabewert g_i erreicht, aber keinesfalls unterschritten werden soll, gilt $f_i(\mathbf{x}) \geq g_i$. *Positive Abweichungen* gelten zwar als akzeptabel, sind aber zu minimieren. Die Zielvorgabe (lower-bound goal) lautet diesfalls

   $f_i(\mathbf{x}) - p_i = g_i$

Wenn dagegen g_i nicht überschritten werden darf, wenn mithin $f_i(\mathbf{x}) \leq g_i$ vorgegeben wird, müssen die *negativen Abweichungen* n_i minimiert werden. Die Zielvorgabe (upper-bound goal) lautet nunmehr

   $f_i(\mathbf{x}) + n_i = g_i$

Soll g_i weder über- noch unterschritten werden, so lautet die Zielvorgabe konzis

   $f_i(\mathbf{x}) - (p_i - n_i) = g_i$

oder

   $f_i(\mathbf{x}) + n_i - p_i = g_i$

Die vorgegebenen Ziele werden jeweils dann voll erreicht, wenn

$$f_i(\mathbf{x}) = g_i$$

und mithin

$$f_i(\mathbf{x}) - g_i = 0$$

Die vorerwähnten drei *Varianten einer Zielvorgabe* lassen sich auch graphisch darstellen, wenn $\mathbf{x} = (x_1 , x_2)$. Vgl. Abbildung 2.

Abbildung 2. Goal Programming, unterschiedliche Zielvorgaben

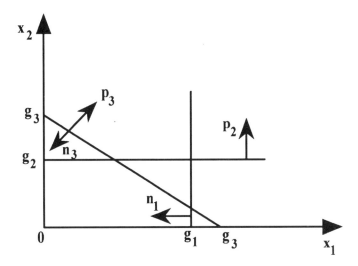

Aus der vorstehenden Abbildung ist leicht erkennbar, daß sich nicht alle Ziele gleichzeitig vollumfänglich erreichen lassen. Vom Entscheidungsträger sollten deshalb auch
Zielpräferenzen spezifiziert werden.

*Eine Minimierung der Zielabweichungen ist unter Berücksichtigung der vom Ent-
scheidungsträger spezifizierten Zielpräferenzen anzustreben.*

Wie sich aus Tabelle 3 ergibt, können die *Zielpräferenzen* bereits zu Beginn der Modellauswertung endgültig festgelegt oder - bei interaktivem Goal Programming - sukzessive neu spezifiziert werden.

Aus didaktischen Gründen wird im folgenden zunächst vom ungewichteten Goal Programming ausgegangen.

311.1   Ungewichtetes Goal Programming

Beim *ungewichteten Goal Programming* umfaßt die Zielfunktion lediglich die größen-mäßig zu minimierenden Abweichungsvariablen (deviational variables) n_i und np_i, die in der Standardliteratur auch mit d_i^- und d_i^+ bezeichnet werden. Die Entscheidungs-variablen treten nur in den Nebenbedingungen auf, die ihrerseits wiederum den Charakter von Ziel- resp. Systemrestriktionen haben.

Normalerweise ist mindestens eine Zielrestriktion monetärer Natur und unmittelbar mit der ursprünglichen Zielfunktion eines LP-Modells verbunden.

Beim ungewichteten Goal Programming (UGP) weisen *Zielfunktionen und -Restriktio-nen* die folgende Struktur auf:

$$Min \sum_i (n_i + p_i) \, , \, i = 1(1)k$$

$$NB \sum_j [c_{jk}x_j + n_i - p_i] = g_i \, , \, j = 1(1)n$$

Hinzu kommen noch die *Systemrestriktionen* und *Nichtnegativitätsbedingungen*.
Die Abweichungsvariablen der Zielfunktion sind zueinander komplementär; bei jeder Problemlösung kann nur eine von ihnen einen positiven Wert annehmen, so daß allgemein $n_i \, p_i = 0$ gilt. Die angestrebte Optimallösung - Minimierung aller Zielabwei-chungen - ist dann erreicht, wenn $n_i = p_i = 0$, $i = 1(1)k$.

Die engen Verbindungen zwischen Goal Programming und Linearer Programmierung treten bei Betrachtung des folgenden Modells (single-goal model) besonders deutlich hervor.

$$\text{Min} \quad (n_1 + p_1)$$

$$\begin{aligned}
\text{NB} \quad &\mathbf{cx} + n_1 - p_1 &&= g_1 \\
&\mathbf{Ax} &&= \mathbf{b} \\
&\mathbf{x} &&\geq \mathbf{0} \\
&n_1, p_1 &&\geq 0
\end{aligned}$$

In diesem Modell erscheint die Zielfunktion des ursprünglichen LP-Modells, Min $\mathbf{cx}$, im Rahmen der Zielrestriktion g_1. Die Systemrestriktionen (resource/structure constraints) entsprechen vollumfänglich denjenigen eines ordentlichen LP-Programms. Vgl. hierzu auch Abschnitt 212.

Im Anschluß an die früheren Ausführungen kann die Zielrestriktion auch in der Form

$$f_i(\mathbf{x}) + n_i - p_i = g_i$$

dargestellt werden, wobei als Sonderfall $i = 1$.

Eine Ausweitung des vorstehenden Modells auf zwei oder mehr Zielrestriktionen ist leicht vorstellbar.

UGP-Modelle lassen sich nach der ordentlichen LP-Methode bearbeiten; falls nur zwei Entscheidungsvariablen vorliegen, ist auch eine graphische Lösung möglich.

311.2   Gewichtetes Goal Programming

Das *gewichtete Goal Programming* (weighted goal programming, WGP) weist die Form

$$Min \sum_i (u_i\, n_i + v_i\, p_i) \,, \, i = 1(1)k$$

$$\begin{aligned}
&\text{NB } f_i(\mathbf{x}) + n_i - p_i = g_i \\
&\mathbf{x} \in \mathbf{F} \\
&\mathbf{x} \geq \mathbf{0}, \mathbf{n} \geq \mathbf{0}, \mathbf{p} \geq \mathbf{0}
\end{aligned}$$

auf. Dabei bezeichnen u_i und v_i die Gewichtungsfaktoren (differential weights) für negative resp. positive Abweichungen von der Zielgröße g_i. **F** stellt die Menge der zulässigen Alternativen dar.

Falls für positive und negative Abweichungen von g_i ein einheitlicher Gewichtungsfaktor w_i verwendet wird, vereinfacht sich der Ansatz zu

$$Min \sum_i w_i \, (n_i + p_i)$$

Mit $w_i = 1$, $i = 1(1)k$, erfolgt der Übergang zum ungewichteten Goal Programming.

311.3   Lexikographisches Goal Programming

Als weitere GP-Variante ist das *lexikographische Goal Programming* (lexicographic Goal Programming, LGP) zu erwähnen. Dieser Ansatz baut auf dem Konzept der preemptiven Prioritäten (pre-emptive priorities) auf. Danach werden die Ziele nach ihrer Rangfolge bestimmten Klassen zugeordnet. Falls q *Prioritätsklassen* bestehen, ergibt sich als Zielfunktion

$$Lex \; Min \; \mathbf{a} = [h_1(\mathbf{n},\mathbf{p}), h_2(\mathbf{n}, \mathbf{p}) , \ldots , h_q(\mathbf{n}, \mathbf{p})]$$

oder

$$Lex \; Min \; \mathbf{a} = (a_1 , a_2 , \ldots , a_q)$$

Bezüglich der *Prioritätsindizes* gilt generell

$$h_1 >>> h_2 >>> \ldots >>> h_{q-1} >>> h_q.$$

Diese Rangordnung kann auch durch sehr hoch angesetzte Gewichtsfaktoren w_i (resp. u_i und v_i) nicht umgeworfen werden.

Der Ansatz bezweckt eine *sukzessive*, nach der Rangordnung innerhalb von **a** abgestufte, *Problembearbeitung*. Diese erfolgt zunächst unter alleiniger Berücksichtigungvon a_1; die nächsten Arbeitsphasen sind unter Einhaltung der vorgängig bereits erreichten Zielvorgaben zu durchlaufen.

Falls beispielsweise mit drei Prioritätsniveaus gearbeitet wird und - vereinfachend - für jede Prioritätsstufe jeweils eine Zielvorgabe in der Form

$$f_1(\mathbf{x}) + n_1 = g_1$$
$$f_2(\mathbf{x}) + n_2 - p_2 = g_2$$
$$f_3(\mathbf{x}) - p_3 = g_3$$

vorliegt, ergibt sich der LGP Ansatz

$$\text{Lex Min } \mathbf{a} = [(n_1) , (n_2 + p_2) , (p_3)]$$

Nach diesem Ansatz ist zunächst das *Primärziel* g_1 mindestens zu erreichen oder zu überschreiten; g_2 ist genau einzuhalten, bevor das *Subsidiärziel* g_3 im Lösungsprozeß mitzubeachten ist, wobei lediglich positive Zielabweichungen zu vermeiden sind.

Falls bei multiobjektiven Problemen *konfliktäre Ziele* auftreten, ist eine prioritätsmäßig besonders sorgfältige Einstufung der einzelnen Zielrestriktionen anzustreben.

Generell ist zu beachten, daß die *Rangfolge* der einzelnen Prioritätsklassen jeweils nur *ordinal* feststeht. Die auf den einzelnen Stufen erreichten - und durch entsprechende Maßzahlen ausgewiesenen - Ziele sind deshalb grundsätzlich nicht kommensurabel. Modelle mit lexikographischer Ordnungstruktur können nach einer verallgemeinerten Groß-M-Methode resp. Multiphasen-Methode bearbeitet werden. Diese Verfahren weisen im Vergleich zu den ordentlichen LP-Lösungsmethoden entsprechenden Typs insofern einen höheren Komplexitätsgrad auf, als sie rangstufenweise ablaufen. Ausführliche Darstellungen mit entsprechenden Ablaufschemata finden sich in der Spezialliteratur [*381*, S. 273-294].

311.4   Minimax Goal Programming

Eine weitere Variante stellt *Minimax GP* dar. Nach diesem Ansatz wird das *Maximum der Abweichungen minimiert*. Das Modell weist die Form

$$Min \quad d$$
$$NB \quad u_i \, n_i + v_i \, p_i \leq d$$
$$f(\mathbf{x}) + n_i - p_i = g_i$$
$$\mathbf{x} \in \mathbf{F}$$
$$\mathbf{x} \geq \mathbf{0} \, , \, \mathbf{n} \geq \mathbf{0} \, , \, \mathbf{p} \geq \mathbf{0}$$

auf.

Die Festlegung der *Gewichtungsfaktoren* erweist sich bei allen GP-Varianten als recht anspruchsvoll. Hilfsweise kann auf Ergebnisse vorgängig durchgeführter AHP-Analysen zurückgegriffen werden.

311.5   Übrige GP-Verfahren

Neben den vorerwähnten GP-Methoden gibt es noch eine Reihe weiterer. Besonders zu verweisen ist auf Verfahren für *linear diskretes Goal Programming*, die unter Mitverwendung von reinen und gemischtganzzahligen Schnittebenen- resp. Branch-and-Bound-Verfahren bearbeitet werden können. Von eher theoretischem Interesse sind die Verfahren zur Bearbeitung *nichtlinearer Goal Programming Modelle* [*381*, S. 284-302].

311.6   GP-Software

Der praktische Einsatz von GP-Modellen setzt die Verfügbarkeit leistungsfähiger Software voraus. Einen Überblick über allgemein verfügbare FORTRAN-Programme vermittelt Tabelle 5. Vorzugsweise wird allerdings auf *PC-gestützt einsetzbare Softwarepakete* zurückgegriffen.

In Tabelle 6 werden fünf derartige Softwarepakete kurz charakterisiert; sie weisen bezüglich ihrer *Leistungs- und Einsatzfähigkeit* große *Unterschiede* auf. *Beispielauswertungen* sind aus den Tabellen 8 - 10 ersichtlich.

Tabelle 5. GP-Software, FORTRAN-Programme

Modelltyp	Lösungsmethode	Quelle
linear, stetig	Simplex-Methode	Lee (1972, p. 126-157) Lee/Moore (1975, p. 528-554)
linear, rein- ganzzahlig	Schnittebenenverfahren	Ignizio (1976, p. 227-242) Lee (1979, p. 24-28)
linear, gemischt- ganzzahlig	Schnittebenenverfahren Branch-and-Bound-Verfahren	Morris (1976, p. 114-207)
nichtlinear, stetig	Modifizierte Mustersuche	Ignizio (1976, p. 242-247)

Tabelle 6. GP-Software, PC-Programmpakete

Programmpaket	Modelltyp	Kapazitäten	Quelle
Lineares Goal Programming			
DSS. Decision Support Systems for Management/Science Operations Research	linear, stetig	50 Variable 40 Restriktionen	Lotfi/Pegels (1992)
Micro Manager	linear, stetig	50 Variable, 50 Restriktionen	Lee/Shim (1990)
ORS. Operations Research Software	linear, stetig (Lin)	50 Variable (Var) 50 Restriktionen (Cons) 5 Prioritätsstufen	Dash/Kajiji (1988)
QSB+ Quantitative Systems for Business Plus	linear, stetig	speicherplatzabhängig, ca. 200 Variable, 200 Restriktionen	Chang/Sullivan (1991)
Nichtlineares Goal Programming			

ORS. Operations
Research Software
	nichtlinear,
	stetig (NonLn)
		50 Variable (Var)
		47 Lineare Glei-
		  chungen (Lin)
		1 nichtlineare
		  Gleichung (NLin)
		5 positive Ex-
		  ponenten (Pos)
		5 negative Ex-
		  ponenten (Neg)
		5 Segmente (Pt)
		5 Prioritäts-
		  stufen (Pr)
			Dash/Kajiji (1988)

Nach der lexikographischen GP-Methode wird das - von S. Lee und J. Moore [*216*, p. 216-225, 528-538] mit einem FORTRAN-Programm gelöste und seither in der Literatur immer wieder benutzte [*214*, p. 197-202; *76*, p. 86-94] - Beispiel

$$\text{Lex Min } Z = h_1 n_1 + h_2 p_4 + 5 h_3 n_2 + 3 h_3 n_3 + h_4 p_1$$

$$
\begin{array}{llllllll}
\text{NB} & x_1 & + & x_2 & + & n_1 & & - p_1 & = 80 \\
& x_1 & & & + & n_2 & & & = 70 \\
& & & x_2 & & & + n_3 & & = 45 \\
& x_1 & + & x_2 & & & + n_4 & - p_4 & = 90
\end{array}
$$

$$x_1 , x_2 , n_1 , n_2 , n_3 , n_4 , p_1 , p_4 \geq 0$$

unter Verwendung von drei Softwarepaketen (Micro Manager, ORS, QSB+) bearbeitet. Wesentliche Besonderheiten bezüglich Nomenklatur und Dateneingabe sind aus Tabelle 7 ersichtlich.

Tabelle 7. Lexikographisches Goal Programming, Softwarecharakteristik

Allgemeine Problemstruktur	
Lex Min Z = $[w_i \ (n_i + p_i)]$	
mit	
Prioritätsstufen	$\{h_k\} = \{h_1 , h_2 , h_3 , h_4\}$
Abweichungen,	
negativ	$\{n_i\} = \{n_1 , n_2 , n_3\}$
positiv	$\{p_i\} = \{p_1 , p_4\}$
Gewichtungsfaktoren	$\{w_i\} = \{w_2 , w_3\}$

Micro Manager

Nomenklatur
  Prioritätsstufen $\{pk\} = \{p1 , p2 , p3 , p4\}$
  Abweichungen
    negativ $\{d-i\} = \{d-1 , d-2 , d-3\}$
    positiv $\{d+1\} = \{d+1 , d4\}$
Gewichtungsfaktoren $\{w_i\}$ exlizit für $w_i > 1$

Dateneingabe
  Bezeichnungen   Variable und Konstante können nicht problemspezifisch bezeichnet
                                      werden.

  Zielfunktion,
  Restriktionen   Kombinierte Eingabe in der Form
                                      $w(d+)$ $P(d+)$ $w(d-)$ $P(d-)$ x_1 x_2 ... T RHS

                                      Die ersten vier Spalten sind in zur Eingabe der Gewichtungs- und
                                      Prioritätsangaben reserviert; die T-Spalte dient zu Spezifika-
                                      tion des Restriktionstyps (durch Kurzangabe von $>$, $=$, $<$ für
                                      größer/gleich, gleich, kleiner/gleich).

Problembearbeitung   Resultsausgabe mit/ohne Zwischenergebnisse möglich.

ORS (Operations Research Software)

Nomenklatur
  Prioritätsstufen   Fortlaufend vornumeriert.

  Abweichungen
    negativ   h-   Nur Angabe des Abweichungstyps.
    positiv   h+
Gewichtungsfaktor $\{w_i\}$ Explizit für $w_i > 1$.
Restriktionsgleichungs-
nummer   r   Gleichungen fortlaufend vornumeriert.

Dateneingabe
  Bezeichnungen   Variable und Konstante können problemspezifisch bezeichnet wer-
                                      den.
  Restriktionen   Zeilenweise mit Angabe des Abweichungstyps (h- resp. h+).
  Zielfunktion   Eingabe nach Prioritätsstufen, in Kurzform
                                      w_i [r h-] resp. w_i [r h+]

QSB+ (Quantitative Systems for Business Plus)

Nomenklatur   -
Dateneingabe   Wahlweise in Frei- oder Festformat; numerische Daten in I-, F-
                                      oder E-Format.
  Bezeichnungen   Variable und Konstante können problemspezifisch benannt werden
                                      (8 Zeichen).
  Zielfunktion   Eingabe in Prioritätsstufenfolge, mit Gewichtungsfaktoren.
  Restriktionen   Bei Festformat nach vorgegebener Struktur.
Problembearbeitung   Automatische Skalierung; Sensitivitätsanalysen möglich.

Tabelle 8. Lexikographisches Goal Programming, Micro Manager

```
Program: Goal Programming

Problem Title : Lee (214); Lee/Moore (216)

***** Input Data *****
Min Z =      1P4d+1 +      1P1d-1 +      5P2d-2 +      3P3d-3
Subject to

C1   1x1 + 1x2 + d-1 - d+1 = 80
C2   1x1 + d-2 - d+2 = 70
C3   1x2 + d-3 - d+3 = 45
C4   1x1 + 1x2 + d-4 - d+4 = 90

***** Program Output *****

Analysis of deviations
-------------------------------------------
Constraint  RHS Value       d+        d-
-------------------------------------------
   C1         80.000     10.000     0.000
   C2         70.000      0.000     0.000
   C3         45.000      0.000    25.000
   C4         90.000      0.000     0.000
-------------------------------------------


Analysis of decision variables
-----------------------------
Variable        Solution Value
-----------------------------
   X1               70.000
   X2               20.000
-----------------------------


Analysis of the objective function
---------------------------------
Priority         Nonachievement
---------------------------------
   P1                0.000
   P2                0.000
   P3               75.000
   P4               10.000
---------------------------------


Analysis of Goal Conflicts
---------------------------------------------------------------------
                                                           Marginal
Goal        Relevant   Relevant   Allowable   Allowable  Substitution
Conflict    Variable   Column     Increase    Decrease      Rate
---------------------------------------------------------------------
Priority4   (d+1)                   10.00                    1.00
Priority3   (d-4)      (d-4)                    10.00        3.00
---------------------------------------------------------------------
Priority3   (d-3)                   25.00                    3.00
Priority2   (d-2)      (d-2)                    25.00        5.00
---------------------------------------------------------------------
```

Tabelle 9. Lexikographisches Goal Programming, ORS

```
Priority 1: [1h-]
Priority 2: [4h+]
Priority 3: 5[2h-] 3 [3h-]
Priority 4: [1h+]
Priority 5:
```

	Cons\Var	Var 1	Var 2	Under	Over	Rhs
Name	------->	Produkt 1	Produkt 2			
DOI	------->	N/A	N/A			
S.T.	----------	----------	----------	----------	----------	----------
1	Produktion	1.000	1.000	+ h-	- h+	80.000
2	Max.Abs.1	1.000		+ h-		70.000
3	Max.Abs.2		1.000	+ h-		45.000
4	Ueberzeit	1.000	1.000	+ h-	- h+	90.000
5						

PRIORITY STRUCTURE ANALYSIS

Priority	Weighted Under Achievement
1	none
2	none
3	25.000
4	10.000

SLACK ANALYSIS

Row	Available	----- Achievement -----	
		Under (h-)	Over (h+)
Produktion	80.000	0.000	10.000
Max.Abs.1	70.000	0.000	n/a
Max.Abs.2	45.000	25.000	n/a
Ueberzeit	90.000	0.000	0.000

OPTIMAL SOLUTION

Solution Time	Variable	Value
0h 0m 1s	Produkt 1	70.000
	Produkt 2	20.000

QSB+ weicht insofern von der üblichen Darstellungsart von GP-Problemen ab, als die nach Prioritätsstufen gegliederten Zielfunktionen einzeln einzugeben sind. Die Problembearbeitung erfolgt lexikographisch nach der Multiphasenmethode.

Tabelle 10. Lexikographisches Goal Programming, QSB+

```
               Input Data of The Problem Lee (214); Lee/Moore (216)

MIN   +0        PRO1+0       PRO2+1.00000N1  +0      P4  +0       N2
      +0        N3  +0       N4  +0       P1
MIN   +0        PRO1+0       PRO2+0       N1  +1.00000P4  +0       N2
      +0        N3  +0       N4  +0       P1
MIN   +0        PRO1+0       PRO2+0       N1  +0      P4  +5.00000N2
      +3.00000N3  +0       N4  +0       P1
MIN   +0        PRO1+0       PRO2+0       N1  +0      P4  +0       N2
      +0        N3  +0       N4  +1.00000P1
Subject to
(1)  +1.00000PRO1+1.00000PRO2+1.00000N1  +0      P4  +0       N2
     +0        N3  +0       N4  -1.00000P1  = +80.0000
(2)  +1.00000PRO1+0       PRO2+0       N1  +0      P4  +1.00000N2
     +0        N3  +0       N4  +0       P1  = +70.0000
(3)  +0        PRO1+1.00000PRO2+0       N1  +0      P4  +0       N2
     +1.00000N3  +0       N4  +0       P1  = +45.0000
(4)  +1.00000PRO1+1.00000PRO2+0       N1  -1.00000P4  +0       N2
     +0        N3  +1.00000N4  +0       P1  = +90.0000
```

```
|----------------------------------------------------------------------|
|              Summarized Solution for Lee (214); Lee/Moore (216)       |
|----------------------------------------------------------------------|
|        |          |          |Opportunity|Opportunity|Opportunity|Opportunity|
|Number | Variable | Solution |Cost-Obj. 1|Cost-Obj. 2|Cost-Obj. 3|Cost-Obj. 4|
|-------+----------+----------+-----------+-----------+-----------+-----------|
|   1   | PRO1     |+70.000000|        0  |        0  |        0  |        0  |
|   2   | PRO2     |+20.000000|        0  |        0  |        0  |        0  |
|   3   | N1       |       0  |+1.0000000 |        0  |        0  |+1.0000000 |
|   4   | P4       |       0  |        0  |+1.0000000 |-3.0000000 |+1.0000000 |
|   5   | N2       |       0  |        0  |        0  |+2.0000000 |        0  |
|   6   | N3       |+25.000000|        0  |        0  |        0  |        0  |
|   7   | N4       |       0  |        0  |        0  |+3.0000000 |-1.0000000 |
|   8   | P1       |+10.000000|        0  |        0  |        0  |        0  |
|----------------------------------------------------------------------|
|    Priority Level 1:  Minimized Objective Function (Goal) =        0  |
|    Priority Level 2:  Minimized Objective Function (Goal) =        0  |
|    Priority Level 3:  Minimized Objective Function (Goal) = +75.000000|
|    Priority Level 4:  Minimized Objective Function (Goal) = +10.000000|
|         Iteration = 11   Elapsed CPU second = .2695313               |
|----------------------------------------------------------------------|
```

```
|  -------------------------------------------------------------------  |
|          Analysis of OBJ Coefficients for Lee (214); Lee/Moore (216)  |
|          ---------------------------------------------------------    |
|        |          | Priority |Opportunity| Objective |  Minimum  | Maximum   |
|Number | Variable |  Level   |   Cost    |Coefficient|Obj. Coeff.|Obj. Coeff.|
|-------+----------+----------+-----------+-----------+-----------+-----------|
|   1   | N1       |    1     |+1.0000000 |+1.0000000 |        0  | + Infinity|
|   2   | P4       |    2     |+1.0000000 |+1.0000000 |        0  | + Infinity|
|   3   | N2       |    3     |+2.0000000 |+5.0000000 |+3.0000000 | + Infinity|
|   4   | N3       |    3     |        0  |+3.0000000 |        0  |+5.0000000 |
|   5   | P1       |    4     |        0  |+1.0000000 | - Infinity| + Infinity|
|  -------------------------------------------------------------------  |
```

```
|-----------------------------------------------------------------------|
|           Analysis of Constraints for Lee (214); Lee/Moore (216)      |
|        ---------------------------------------------------------      |
|      |        |         |         | Shadow | Slack or | Minimum | Maximum |
|Constr.| Status |   RHS   |  Price | Surplus |   RHS   |   RHS   |
|--------+--------+---------+--------+---------+---------+---------|
|   1   | Tight  | =+80.000000|  High  |       0| - Infinity| +90.000000|
|   2   | Tight  | =+70.000000|  High  |       0| +45.000000| +90.000000|
|   3   | Tight  | =+45.000000|  High  |       0| +20.000000| + Infinity|
|   4   | Tight  | =+90.000000|  High  |       0| +80.000000| +115.00000|
|-----------------------------------------------------------------------|
```

Bei DSS sind die in Hierarchiestufenfolge zu berücksichtigenden Zielfunktionen im Zuge des Problembearbeitungsprozesses sukzessive einzugeben; das Programm erweist sich damit als recht unkomfortabel.

Literaturstudium

Die grundlegenden Arbeiten zum Goal Programming stammen von S. M. Lee [213]; S. M. Lee/L. J. Moore [216] und J. P. Ignizio [175].

Einen kurzen Überblick über Goal Programming - unter Mitberücksichtigung kritischer Fragen - vermittelt C. Romero [272]. Dieses Buch orientiert auch über die in der Literatur meistverwendeten Verfahren des Goal Programming; das Hauptgewicht liegt bei 226 von insgesamt 444 ausgewerteten Fallbeispielen eindeutig auf dem Lexikographischen Goal Programming.

Sehr zurückhaltend ist die Beurteilung von Goal Programming durch M. Zeleny [448, p. 433]: "Goal programming is a rather mechanical technique, plagued by insufficient theoretical elaboration, mediocre interpretations and fast applications. These deficiencies make it controversial. Yet it has a potential, and it is a natural complement to the arsenal of MCDM techniques."

312   Übrige Standardverfahren

Neben den Goal Programming Modellen werden in der Literatur noch zahlreiche *andere Verfahren* diskutiert, denen praktisch allerdings nur relativ *geringe Bedeutung* zukommt. Verwiesen sei auf Tabelle 3; die dort aufgeführten Verfahrensgruppen umfassen eine Reihe von Einzelverfahren, von denen im folgenden typische Repräsentanten etwas ausführlicher dargestellt werden.

312.1   Multiobjektive Methoden ohne Präferenzartikulation

Die *multiobjektiven Methoden ohne Präferenzartikulation* werden unter der Bezeichnung *Globale Programmierung* (methods based on global preference) zusammengefaßt. Sie basieren auf der Annahme, daß der Entscheidungsträger simultan k Zielfunktionen - ohne Spezifikation einer Präferenzstruktur - maximieren möchte.

Die zu maximierende globale Zielfunktion läßt sich in der Form

$$Max \ \{z(x) \ \lfloor \ \mathbf{x} \ \epsilon \ \mathbf{F} \ \}$$

darstellen. Wird $\mathbf{x}$ durch lineare (Un-)Gleichungen beschrieben und beinhaltet $\mathbf{z(x)}$ lineare Funktionen , so liegt ein *lineares Vektormaximumproblem* vor.

Allgemein umfassen *Vektormaximumprobleme* zwei oder mehr Zielfunktionen, die gleichzeitig zu optimieren sind.

Bezogen auf das angeführte Modell stellt der Vektor $\mathbf{x^*} \ \epsilon \ \mathbf{F}$ eine *P(areto)-optimale Lösung* dar, wenn kein $\mathbf{x} \ \epsilon \ \mathbf{F}$ mit der Eigenschaft

$$\mathbf{z(x)} > \mathbf{z(x^*)}$$

existiert. Der Übergang von $\mathbf{x^*}$ zu einem beliebig veränderten Lösungsvektor $\mathbf{x} = (x_1 , x_2 , ... , x_n)$ führt insgesamt nicht zu einer Verbesserung der Zielerreichung.

Für multiobjektive Methoden ohne Zielpräferenzierung gelten Lösungen als akzeptabel, wenn sie P-optimal sind.

Vermerkt sei, daß P-optimale Lösungen auch als nicht dominiert, nicht inferior oder funktional-effizient bezeichnet werden.

Für *P(areto)-maximale Lösungen* gilt, daß kein Vektor $\mathbf{x} \ \epsilon \ \mathbf{F}$ vorliegt, für den

$$\mathbf{z(x)} \geq \mathbf{z(x^*)} \ \ und \ \ \mathbf{z(x)} \neq \mathbf{z(x^*)}$$

zutrifft.

P-maximale Lösungen von Problemen des Typs

P-max $\mathbf{z}(\mathbf{x})$
$\quad \mathbf{x} \in \mathbf{F}$

werden oft als Basis für weitere *nachgeordnete Verfahren* benutzt, die gegebenenfalls explizit oder implizit spezifizierte Zielpräferenzen mitzuberücksichtigen vermögen. So kann insbesondere auf verschiedene Varianten der Aggregations-, Approximations- und Spielverfahren zurückgegriffen werden. Ihre Benutzung fällt - nach geeigneter Umsetzung - unter Verwendung der Simplex-Methode leicht; gut aufbereitete Programme finden sich bei R. Trzebiner [*381*, S. 231-246].

312.2   Multiobjektive Methoden mit vorausgehender Präferenzartikulation

Die multiobjektiven Methoden mit Präferenzartikulation lassen sich in mehrere Gruppen einteilen. Die wichtigsten von ihnen betreffen Methoden mit vorausgehender Präferenzartikulation.

Präferenzen gelten dann als a priori artikuliert, wenn sie im Hinblick auf die Modellselektion bekanntgegeben und in der anschließenden Modellauswertungsphase unverändert beibehalten werden.

Präferenzen können *ordinal oder/und kardinal* spezifiziert werden.

312.21   Rangfolgeverfahren

Falls der Entscheidungsträger die angestrebten *Ziele hierarchisch einzuordnen* vermag, ergibt sich die Möglichkeit zur Formulierung eines *lexikographischen Vektormaximierungsproblems* in der Form

Lex Max $\mathbf{z}(\mathbf{x})$
$\quad\quad \mathbf{x} \in \mathbf{F}$

Wird für dieses Problem eine zulässige Lösung gefunden, die bezüglich der Zielfunktionen $\mathbf{z} = (z_1, z_2, \dots, z_r)$ in der gegebenen Rangfolge optimal ist, so kann sie nur dann bezüglich $\mathbf{z} = (z_1, z_2, \dots, z_r, z_{r+1})$ verbessert werden, wenn alternative $(z_1, \dots, z_r)$-optimale Lösungen vorhanden sind [*381*, S. 249].

Das *lineare lexikographische Vektormaximierungsproblem*

Lex Max   **z**   = **Cx**

NB   **Ax** = **b**

            x $\geq$ **0**

kann stufenweise mittels der Simplex-Methode gelöst werden.

312.22   Bewertungsverfahren

Bewertungsverfahren liegen in mehreren Varianten vor. Unmittelbar mit dem Rangfol-geverfahren verbunden ist das *Bewertungsklassenverfahren*. Es ist dann zu ver-wenden, wenn seitens des Entscheidungsträgers alle *Ziele bestimmten Klassen zugeordnet* werden und nur für diese eine Rangordnung besteht.

Falls für k Zielfunktionen insgesamt p Klassen **K** = {K_i | i = 1(1)p} mit jeweils k_i *Einzelzielfunktionen* in einer Klasse gebildet werden, wobei die *Klassenrangfolge* mit $K_i >>> K_{i+1}$ gegeben ist, lassen sich aggregierte Klassenzielfunktionen z^i der Form

$$z^i = \sum_{j \in k_i} w_j^i z_j(\mathbf{x}) \ , \ j = 1(1)k_i$$

bilden. Mit w_j^i werden die relativen, vom Entscheidungsträger bestimmten, Gewichte der Einzelzielfunktionen innerhalb der Klasse i angegeben.

Die Zielfunktionen z^i bilden die Basis zur Bestimmung einer Lösung **x*** für das lineare lexikographische Problem

Lex Max   [$z^1(\mathbf{x})$, $z^2(\mathbf{x})$; ... ; $z^p(\mathbf{x})$]

NB   **Ax** = **b**

            x $\geq$ **0**

Die Ermittlung der Zielfunktionswerte $z_i(\mathbf{x}^*)$ erfolgt durch Einsetzung der Lösung **x*** in die einzelnen Zielfunktionen z_i, i = 1(1)k.

Eine gewisse Sonderstellung nimmt das *Gewichtungsverfahren* (weighting method) ein. Es basiert auf einer Nutzenfunktion, in die k *Einzelzielfunktionen* integriert sind und die über der Menge x aller zulässigen Alternativen zu maximieren ist. Mithin:

Max $U(z_1, z_2, \ldots , z_k) = U\,[\mathbf{z(x)}]$

$\quad \mathbf{x} \in \mathbf{F}$

Wird eine *additive Nutzenfunktion* unterstellt, so gilt

Max $\sum\limits_i U_i\,[\,z_i\,(\mathbf{x})\,]$, $i = 1(1)k$

Falls angenommen wird, vom Entscheidungsträger könne eine absolute *Gewichtung der Einzelziele* angegeben werden, läßt sich das Problem auch in der Form

Max $[\mathbf{w} , z(\mathbf{x})]$

NB $\mathbf{x} \in \mathbf{F}$

$\quad\quad \mathbf{w} > \mathbf{0}$

darstellen, wobei der Vektor $\mathbf{w} = \{\, w_i \mid i = 1(1)k \,\}$ die spezifizierten Zielgewichte beinhaltet. Die a priori vorgegebenen Gewichte sind konstant zu halten; üblicherweise wird zudem

$\sum\limits_i w_i = 1$

angesetzt.

Bei linearen Modellen führt die Gewichtung zu einer aggregierten Nutzenfunktion, die ebenfalls linear ist und die sich in der Form

$U(x) = \mathbf{wCx}$

darstellen läßt.

Für das Problem

$$\text{Max} \quad U(\mathbf{x})$$
$$\mathbf{x} \in \mathbf{F}$$

läßt sich die Lösung $\mathbf{x}^*$ unter Verwendung der Simplexmethode erarbeiten. Die Ermittlung der Zielfunktionswerte $z(\mathbf{x}^*)$ bringt den Lösungsprozeß zum Abschluß.

Falls vom Entscheidungsträger nur eine relative Gewichtung der Einzelziele vorgenommen werden kann, ist eine Lösung x^* für das lineare lexikographische Problem

$$\text{Lex} \quad \text{Max} \qquad \mathbf{z}(\mathbf{x})$$
$$\mathbf{x} \in \mathbf{F}$$

zu erarbeiten.

312.23   Restriktionsverfahren

Restriktionsverfahren dienen zur Bearbeitung multiobjektiver Modelle, deren Struktur sich dadurch auszeichnet, daß bei einzelnen Zielfunktionen auch Grenzwerte einzuhalten sind. Die entsprechenden *Zielniveaus* können vom Entscheidungsträger anhand von Erfahrungen oder Vorstellungen als *Minimal- oder/und Maximalwerte* spezifiziert werden.

Die sich auf dieser Basis ergebenen Modelle (bounded objective models) weisen die Struktur

$$\text{Max} \quad z(\mathbf{x})$$
$$\text{NB} \quad z_i(\mathbf{x}) \geq l_i$$
$$z_i(\mathbf{x}) \leq h_i$$
$$\mathbf{x} \in \mathbf{F}$$

auf, wobei l_i resp. h_i die für z_i vorgegebenen unteren resp. oberen Zielerreichungsniveaus bezeichnen.

Im Extremfall können für alle Zielfunktionen Unter- und Obergrenzen vorgegeben und zur *Festlegung eines praktischen Zielgebietes* benutzt werden. Dieses sollte allerdings nicht so stringent definiert sein, daß die Generation zulässiger Lösungen vollständig verunmöglicht wird.

Schwierigkeiten der vorerwähnten Art lassen sich dadurch eliminieren, daß eine Zielfunktion ohne Niveaubeschränkungen vorgegeben wird (*Kompromißmodell*):

$$
\left.
\begin{array}{ll}
MAX & z_r\,(x) \\
NB & z_i\,(x) \succeq l_i \\
& z_i\,(x) \preceq h_i \\
& x \in F
\end{array}
\right\} \quad i = 1(1)k,\ i \neq r
$$

Bei ungünstiger Wahl der freibleibenden Zielfunktion kann die Lösungsmenge allerdings auch bei diesem Modell leer bleiben.

Diese Gefahr kann durch das folgende *Einziel-Restriktionsmodell* insofern ausgeräumt werden, als nur noch (k-1) Untergrenzen als Satisfaktionsziele vorgegeben werden. Mithin:

$$
\begin{array}{ll}
MAX & z_r\,(x) \\
NB & z_i\,(x) \succeq l_i \qquad i = 1(1)k,\ i \neq r \\
& x \in F
\end{array}
$$

Beide Modelle weisen nur eine zu maximierende Zielfunktion auf und sind mit der Simplexmethode auswertbar.

Schließlich kann auch noch eine Verbindung mit dem Bewertungsklassen-Verfahren angestrebt werden, indem die r-te Zielfunktion der höchsten Prioritätsklasse zugeordnet und die übrigen (k-1) Ziele in eine künstliche, niedriger einzustufende, Zielfunktion integriert werden. Man gelangt damit zum Modell [*381*, S. 265-266]

$$
\begin{array}{l}
\text{Lex Max } \{z_r(x);\ z_i(x)\mid,\ i = 1(1)k,\ i \neq r\} \\
\qquad NB \quad z_i(x) \geq l_i \\
\qquad\qquad x \in F
\end{array}
$$

Weitere *Modellvereinfachungen* sind denkbar. So wird etwa vorgeschlagen [85, S. 217], für jede Zielfunktion z_i eine binäre Hilfsvariable y_i einzuführen, durch die Erreichung/Nichterreichung des Satisfaktionsniveaus angezeigt wird. Die Erfüllung möglichst vieler Anspruchsniveaus wird durch das Modell

$$\max \sum_i y_i(x) \ , \ i = 1(1)k$$

$$NB \ x \in F$$

$$mit \ y_i(x) \begin{cases} 1, \ falls \ z_i(x) \geq l_i \\ 0, \ falls \ z_i(x) \prec l_i \end{cases}$$

angestrebt.

Soll die eventuelle Unterschreitung aller Anspruchsniveaus gleichzeitig minimiert werden, kann auf der Kompromißmodell

$$Max \sum_i \min[0, z_i(x) - l_i]$$

$$x \in F$$

zurückgegriffen werden.

312.3   Multiobjektive Methoden mit progressiver Präferenzartikulation

Die bisher besprochenen multiobjektiven *Methoden* lassen sich dadurch *flexibilisieren*, daß vor Freigabe der Modellauswertungsergebnisse *Zielpräferenzmodifikationen* und darauf aufbauende Modellneuauswertungen erfolgen können.

Präferenzen gelten als progressiv akzentuierbar, wenn sie in Abhängigkeit von Auswertungs(zwischen)ergebnissen neu festgelegt und anschließend zur wiederholten Modellauswertung benutzt werden können.

In Zusammenarbeit zwischen Entscheidungsträger und Modellbearbeiter läuft mithin ein *interaktiver Präferenzartikulations-/Modellauswertungsprozeß* ab, wobei der Grad der veränderten Zieleinschätzungen in den jeweiligen Austauschraten (trade-offs) zum Ausdruck kommt.

Die auf zeitlich gestaffelte Modellauswertungen ausgerichteten Methoden basieren in weitestgehendem Maße auf den bereits in Abschnitt 312.2 erwähnten Verfahren. Sie werden deshalb im folgenden nur sehr kompakt dargestellt.

312.31   Interaktive Nutzenfunktionsverfahren

Die *interaktiven Nutzenfunktionsverfahren* führen zu einer Dynamisierung des einfachen - in Abschnitt 312.22 dargestellten - Gewichtungsverfahrens. Dies in dem Sinne, daß - bezogen auf das Modell

Max $\{w , z(x)\}$

- die Gewichte im Anschluß an jede Modellauswertung zu überprüfen und eventuell neu festzulegen sind. Dabei können die neuen *Gewichte* vom Entscheidungsträger direkt oder über *Gewichtsaustauschraten*

$$w_{ij} = w_i / w_j$$

spezifiziert resp. akzeptiert werden.

Die in der Literatur meistdiskutierten Verfahren weisen allerdings einen wesentlich höheren Komplexitätsgrad auf. Dies gilt auch für die von Geoffrion/Dyer/Feinberg [137] und Zionts/Wallenius [454; 452; 455] entwickelten Methoden.

Beide Ansätze - sie werden kurz als *GDF- resp. ZW-Verfahren* bezeichnet - verlangen vom Entscheidungsräger zunächst nur partielle Angaben über seine Zielpräferenzen, die aber sukzessive auszuweiten und durch Spezifikation von Trade-Offs zu verbessern sind.

Nach dem *GDF-Verfahren* hat der Entscheidungsträger die Gewichtungsaustauschraten selbst zu bestimmen. Anschließend wird die entsprechende Optimallösung x* ermittelt und mit den früheren Ergebnissen verglichen. Weitere *Lösungsverbesserungen* können durch neuerliche Gewichtungsveränderungen angestrebt werden. Der Iterationsprozeß kommt zum Abschluß, wenn - vorzugsweise in Bezug auf ein bereits a priori festgelegtes Abbruchkriterium - keine Lösungsverbesserungen mehr erzielbar sind.

Beim *ZW-Verfahren* werden die Trade-Offs - unter Mitberücksichtigung bereits erkenn-
barer Präferenzstrukturen - intern generiert, dem Entscheidungsträger zur Annahme/-
Ablehnung unterbreitet und bei Akzeptanz im Rahmen der nächsten Modellauswertungsphase mitberücksichtigt [*360*, p. 367-389; *381*, S.331-344; *451*, S. 141-161].

Zu den beiden letzterwähnten Verfahren liegen mehrere *Extensionen* vor; als besonders zweckmäßig erweist sich der Einbezug des Konzepts der *Nutzeneffizienz* (utility
efficiency), das - bei konsequenter Anwendung - zu einer wesentlichen Reduktion der
Trade-Off-Fragen führen kann und auch die Zahl der zur Erreichung einer Optimallösung erforderlichen Iterationsschritte zu verkleinern vermag [*61*, p. 63-65].

In der neueren Literatur wird auch die vermehrte Verwendung von PC-getützten
Programmen - mit Ausnutzung der sich dabei ergebenden Möglichkeiten zur graphischen Ergebnisdarstellung - empfohlen [*204*, p. 154-156].

312.32   Approximationsverfahren

Approximationsverfahren liegen generell keine Annahmen über den Verlauf von
Nutzenfunktionen des Entscheidungsträgers zugrunde.

Der für alle Verfahren typische Näherungsprozeß läßt sich anhand der *STEP-Methode*
(Step method, *STEM*) besonders gut erkennen.

Das Verfahren läuft mehrstufig ab und betrifft linerare multiobjektive Probleme vom
Typ

$$
\begin{aligned}
\text{Max} \quad & z(\mathbf{x}) = \mathbf{Cx} \\
\text{NB} \quad & \mathbf{Ax} = \mathbf{b} \\
& \mathbf{x} \geq 0
\end{aligned}
$$

Die Startphase besteht im wesentlichen in der Bestimmung individueller Optimallösun-
gen x^i für alle Zielfunktionen z_i , . $i = 1(1)k$. Darauf aufbauend können die Auszahlungs-
werte (pay-offs) $z_{ij} = z_i(\mathbf{x}^i)$, $j = 1(1)k$, berechnet und in einer (k,k)-Matrix zusammengefaßt werden, wobei in der Hauptdiagonale die idealen Zielwerte [$z_1(x^1)$,
$z_2(x^2)$, ... , $z_k(x^k)$] erscheinen. Weiterhin können $m_i = \max z_{ij}$ und $n_i = \min z_{ij}$ bestimmt
werden.

Nach STEM ist davon auszugehen, daß der Entscheidungsträger versucht, den *idealen Zielwerten* möglichst nahe zu kommen; die diesbezüglichen *Abweichungen* sind zu minimieren.

Da *Abweichungen* komparativ schwer zu beurteilen sind, drängt sich zur *Relevanzbeurteilung* die Verwendung standardisierter Gewichte w_i auf. Bei ihrer Berechnung muß auf die relative Spannweite zwischen den Höchst- und Niedrigstwerten m_i resp. n_i Rücksicht genommen, eine *Skalierung* im Hinblick auf die Zielfunktionskoeffizienten c_{ij} durchgeführt und schließlich eine *Normierung* der Gewichtungsfaktoren so vorgenommen werden, daß deren Summe 1 beträgt. Vorgeschlagen wird die folgende Berechnungsweise:

$$a_i = \frac{m_i - n_i}{m_i} \sum_j \left[(c_{ij})^2\right]^{-1/2} \text{ , falls } m_i > 0$$

$$a_i = \frac{n_i - m_i}{n_i} \sum_j \left[(c_{ij})^2\right]^{-1/2} \text{ , falls } m_i \leq 0$$

$$w_i = a_i / \sum_i a_i \text{ , } i = 1(1)k$$

Die Berechung der *Gewichtungsfaktoren* ist zunächst für die - mit 0 bezeichnete - Ausgangssituation $x \in F^{(0)}$ vorzunehmen und im Zuge des iterativen Lösungsprozesses immer wieder - bezogen auf die bis zum r-ten Verfahrensdurchlauf ständig neue reduzierte Menge zulässiger Alternativen $F^{(r)}$ - zu wiederholen.

Im Zuge der Problembearbeitung werden sukzessive Lösungen aufgezeigt und dem Entscheidungsträger unterbreitet. Es handelt sich hierbei um *Approximations-/Kompromißlösungen*, die mit der Ideallösung zu vergleichen und eventuell weiter zu verbessern sind.

Die Bestimmung der auf jeder *Iterationsstufe* besten *Approximationslösungen* erfolgt nach dem Ansatz

Min d

NB $w_i [m_i - z_i(\mathbf{x})] \leq d$, $i \in I^{(r)}$

        $\mathbf{x} \in \mathbf{F}^{(r)}$

        $d \geq 0$

Dabei bezeichnet $I^{(r)}$ die Indexmenge jener Zielfunktionen, für die der Entscheidungsträger bis zur (r-1)-ten Iteration noch keine Untergrenze als Anspruchsniveau festgelegt hat.

Die Bestimmung solcher *Untergrenzen* erfolgt *schrittweise*. Wenn ein neu eingebrach-
ter Lösungsvorschlag nur partiell akzeptiert wird, muß eine zusätzliche Iteration (r+1)
vorbereitet werden. Hierzu ist vom Entscheidungsträger eine Zielfunktion z_i zu benen-
nen, deren aktueller Zielfunktionswert $z_i(\mathbf{x})$ bis zu einer nun vorzugebenden Untergrenze u_i verringert werden kann, um dadurch eine Erhöhung bisher nicht akzeptierter
Werte anderer Zielfunktionen zu ermöglichen.

Zur Iterationsvorbereitung kann jeweils nur eine *neue Untergrenze* u_i festgelegt
werden, die in der Folge nicht mehr geändert werden darf; dadurch wird die Zahl der
möglichen Iterationsschritte auf maximal k begrenzt.

Für die nach r Iterationen noch relevante Menge zulässiger Alternativen, die sämtliche
Anspruchsniveaus erfüllten, gilt

$$F^{(r+1)} = \begin{cases} \{ \mathbf{x} \in F^{(r)} \mid z_i(\mathbf{x}) \geq u_i \} \\ \{ \mathbf{x} \in F^{(0)} \mid z_i(\mathbf{x}) \geq u_i \} \end{cases} 1 \leq i \leq k , i \notin I^{(r+1)}$$

Erbringen bei einer Approximationslösung alle Komponenten des Zielvektors aus der
Sicht des Entscheidungsträgers befriedigende Ergebnisse, so wird der Iterationsprozeß abgebrochen. Ein Abbruch muß auch erfolgen, wenn die zuletzt ausgewiesene
Kompromißlösung den Minimalanforderungen des Entscheidungsträgers auch partiell
nicht zu genügen vermag und damit der vorerwähnte Relaxationsprozeß nicht eingelei-
tet werden kann.

Neben der *STEM-Grundversion* [*360*, p. 362-367; *381*, S. 359-362; *451*, S. 184-171] sind aus der Literatur auch noch verschiedene *Varianten* bekannt [*61*, p. 71]. So wird etwa eine größere Verfahrensflexibilität durch die Möglichkeit zur nachträglichen Revision bereits festgesetzter Untergrenzen angestrebt (*modifiziertes STEM-Verfahren*). Auch werden andere - einfachere - Verfahren zur Bestimmung der Gewichtungsfaktoren vorgeschlagen [*178*, S. 472-478]. Mit *GPSTEM* wird eine Verbindung von Goal Programming und STEM realisiert (Goal Programming step method). Zu verweisen ist auch auf das iterative Verfahren von G. Fandel [*114*, 56-85; *177*].

312.4   Multiobjektive Methoden mit nachfolgender Präferenzartikulation

Bei einer weiteren Gruppe multiobjektiver Verfahren erfolgt die *Präferenzartikulation* erst a *posteriori*.

Präferenzen gelten dann als a posteriori artikuliert, wenn die Selektion von Modelllösungen durch den Entscheidungsträger erst im Rahmen eines breit abgestützten Ergebnisvergleichs und unter Mitberücksichtigung bislang noch nicht offengelegter Präferenzen erfolgt.

Der Selektionsprozeß kann möglicherweise auch zur Deklassierung aller untersuchten Alternativen führen.

Unter den multikriteriellen Verfahren mit nachfolgender Präferenzartikulation gehören die *MOLP-Techniken* und die *parametrischen Verfahren* zu den meistdiskutierten [*381*, S. 388-420; *451*, S. 177-197). Zu erwähnen sind auch die *adaptiven Suchmethoden* [*173*].

312.41   MOLP-Verfahren

Unter der Bezeichnung *MOLP* werden *lineare Programmierungsmethoden unter mehrfacher Zielsetzung* (multiple objective linear programming methods) zusammengefaßt. Zu ihnen gehören die auf P. Yu/M. Zeleny zurückzuführende *multikriterielle Simplexmethode* (linear multiobjective programming) sowie die von J. Evans/R. Steuer entwickelten Methoden *ADBASE* (adjacent efficient basis method) und *ADEX* (adjacent efficient extreme point method).

Bei den beiden letzterwähnten Verfahren handelt es sich im Grunde um leistungsfähige FORTRAN-Programme zur Lösung von MOLP-Problemen unterschiedlicher
Ausprägung, insbesondere auch solcher vom Typ

$$\text{Max } \mathbf{x} \ (\mathbf{Cx} + a)$$
$$\mathbf{x} \in \mathbf{F}$$

(weighted-sums problems). Die dabei zum Einsatz gelangenden Methoden zur
lexikographischen Maximierung lassen - bei ADBASE - auch die Bearbeitung preemp-
tiver Goal Programming-Probleme zu [*360*, p. 254-267].

312.42   Parametrische Verfahren

Die *parametrischen Verfahren* basieren auf der Idee, daß aus individuellen Zielfunktionen eine *aggregierte Zielfunktion* (super-objective function) entwickelt werden kann,
wobei mit differenzierten *Gewichtungsfaktoren* $\mathbf{w} = \{w_i, i = 1(1)k\}$ zu arbeiten ist.
Diese Faktoren werden - im Gegensatz zu den einfacheren Aggregationsverfahren -
als variabel betrachtet, so daß durch systematische *Variation* einzelner Parameter w_i
bezüglich des Modells

$$\textit{Max} \sum_i w_i \ z_i(\boldsymbol{x})$$

$$\mathbf{x} \in \mathbf{F}$$

Lösungsverbesserungen angestrebt werden können.

Am leichtesten zu bearbeiten sind *bikriterielle Probleme* vom Typ

$$\text{Max} \quad w_1 \ z_1(\mathbf{x}) + w_2 \ z_2(\mathbf{x})$$

Sie lassen sich auf Probleme mit einem Parameter in der Zielfunktion zurückführen,
die dann stellvertretend gelöst werden.

Falls die - vorzugsweise in festen Schrittweiten zu variierenden - Gewichtungsparame-
ter im Anschluß an jede Veränderung immer wieder neu standardisiert werden, gilt
generell

$$\sum_i w_i = 1 \quad , \quad i=1(1)2$$

und

$$w_i [z_1(\mathbf{x}) + (1 - w_1) z_2(\mathbf{x})]$$

Damit läßt sich das Ursprungsproblem auch einparametrisch in der Form

$$\text{Max} \quad w_1 [z_1(\mathbf{x}) - z_2(\mathbf{x})] + z_2(\mathbf{x})$$

darstellen.

Lineare Bikriterium-Probleme können durch Anwendung der Simplexmethode auf das
einparametrische Optimierungsproblem zurückgeführt werden. Die gewonnenen
optimalen Lösungen des einparametrischen Problems stellen nämlich auch die P-
maximalen Lösungen des Ursprungsproblems dar.

Schwieriger ist die Bearbeitung höherdimensionaler Probleme; es liegen aber auch
hierzu Lösungsmethoden vor [67].

Literaturstudium

Die wichtigsten Originalstudien über multiobjektive Methoden finden sich in - zumeist
amerikanischen - Zeitschriften und Konferenzberichten. Von besonderer Bedeutung
sind vor allem die den jeweils erreichten Forschungsstand zusammenfassenden,
manchmal auch explizit als "State-of-the-Art Surveys" bezeichneten, Publikationen. Sie
zählen zu den wichtigsten Quellenwerken. Besonders hervorzuheben sind die Publikationen von C.Hwang/A. Masud [*173*] und Y. Haimes/V. Chankong [*153*]. Zudem
bestehen wertvolle Speziallehrbücher [*67; 435*].

Unter den deutschsprachigen Publikationen ist auf die Lehrbücher von W. Dinkelbach
[*85*]; C. Schneeweiß [*340*] und H.-J. Zimmermann/L. Gutsche [*451*] zu verweisen.
Hinzu kommen zahlreiche Spezialarbeiten in Sammelwerken [*27; 129; 115*].

32   Multiattributive Verfahren

Im Gegensatz zu den multiobjektiven sind die *multiattributiven Verfahren* nur auf
ein - vielleicht nur konzeptionell festgelegtes - *Globalziel* ausgerichtet, das problemspezifisch durch einen möglichst adäquaten Satz kurz-, mittel- oder langfristig wirksa-
mer Maßnahmen erreicht werden soll. Sie finden - bei *systemorientierter Betrach-*
tung - ihren Niederschlag im *Systemverhalten*, das seinerseits wiederum in der -
zeitpunkt-/zeitraumbezogenen erfaßbaren - *Ausprägung zentraler Systemelemente*
zum Ausdruck kommt und anhand sorgfältig selektierter *Systemattribute* verfolgt
und bezüglich seiner Zielkonformität beurteilt werden kann.

Die konzeptionelle Relevanz der multiattributven Verfahren basiert auf diesen Zu-
sammenhängen.

Im folgenden werden zunächst die - nach Ansicht des Verfassers - bedeutsamsten
Verfahren ausführlich behandelt. Über eine Reihe weiterer Methoden wird ein kursori-
scher Überblick vermittelt.

321   Satisfizierungsverfahren

Besonders leicht verständlich sind die *Satisfizierungsverfahren* (satisficing methods).
Sie machen die Alternativenakzeptanz von der Erreichung fest vorgegebener - im
Sinne von H. Simon [250] als satisfizierend betrachteten - *Attributsausprägungen*
abhängig.

Zwei *Verfahrensvarianten* sind zu unterscheiden [56, p. 214-215; *174*, p. 68-72].

321.1   Disjunktive Standardanforderungen

Nach einer ersten Variante genügt bereits die *Erfüllung einer Attributsvorgabe* zur
Alternativenfreigabe (disjunctive method).

Falls eine Alternative A_i in Bezug auf m Standards x_j^0 zu überprüfen ist, wobei die jeweils erreichte Attributsausprägung mit x_{ij} bezeichnet wird, gilt A_i als satisfizierend, wenn mindestens einmal

$$x_{ij} \geq x_j^0 \ , \ j = 1(1)m$$

zutrifft.

Die Ergebnisse der *Attributsausprägung* müssen nur in binärer Form (1/0) ausgewiesen werden; über die relative Gewichtung der Attribute sind keine Angaben erforderlich. Sie können sich aber als wertvoll erweisen, wenn die Zahl der akzeptierten Alternativen relativ groß ist und sie deshalb einem weiteren Selektionsprozeß - etwa im Sinne der einfachen additiven Gewichtungsverfahren (vgl. Abschnitt 322.1) - zu unterziehen sind.

Vermerkt sei, daß die Attributsausprägungen nicht notwendigerweise in quantitativer Form vorliegen müssen; es genügen auch verbale Umschreibungen mit Ausweisung der Vergleichsergebnisse auf nominalem Meßniveau.

321.2   Konjunktive Standardanforderungen

Nach einer zweiten Verfahrensvariante ist zur Alternativenfreigabe die *gleichzeitige Erfüllung aller Attributsvorgaben* (Satisfaktions-Standards) erforderlich (conjunctive method).

Für eine Alternative A_i muß

$$x_{ij} \geq x_j^0 \ , \ j = 1(1)m$$

für alle m Attribute zutreffen.

Die Untersuchung führt zur Aufgliederung aller Alternativen in zwei Gruppen. Falls die Zahl der akzeptierten Alternativen relativ groß ausfällt, drängen sich weitere - stärker differenzierende - *Anschlußuntersuchungen* auf.

Tabelle 11 zeigt ein Beispiel zur Anwendung der Satisfizierungsverfahren; ausgewiesen werden nur die Bewertungsresultate (1/0).

Tabelle 11. Satisfizierungsverfahren, Beispiel

| Attribute | Alternativen | | | | Attributsausprägung | |
	1	2	3	4	Bestwerte	Satisfaktions-standards
Produktqualität	1	0	0	0	10	8
Produktflexibilität	1	0	1	0	hoch	hoch
IRR (Internal Rate of Return)	1	1	1	0	20 %	15 %
Eingehaltene Satisfaktions-Standards	3	1	2	0	Bemerkung: 1 (0) = Standard eingehalten (nicht eingehalten).	
Satisfizierung disjunktiv	ja	ja	ja	nein		
konjunktiv	ja	nein	nein	nein		

322   Additive Gewichtungsverfahren

Additive Gewichtungsverfahren sind dadurch charakterisiert, daß zur System-/Projektbeurteilung bedeutsam erscheinende *Attribute* von Experten selektioniert, nach ihrer gegenseitigen Relevanz eingestuft und so *gewichtet* werden, daß sich die Ergebnisse dieses Evaluationsprozesses additiv zu einer globalen *Kenngröße* zusammenfassen lassen. Dabei kann prozedural zwischen einfach und hierarchisch additiven Verfahren differenziert werden [*174*, p. 9, 99-114].

Im folgenden werden lediglich Grundform und Varianten der einfach additiven Gewichtungsverfahren behandelt; die *hierarchisch additiven Verfahren* gelangen in Kapitel 4 zur Darstellung.

Bezüglich der *einfach additiven Verfahren* drängt sich eine Differenzierung zwischen nutzenfunktionsfreien und -gestützten Verfahren auf; die letzteren werden in der Literatur unter dem Sigel MAUM (Multiattribute Utility Models) oder MAUT (Multiattribute Utility Technology) diskutiert.

322.1   Nutzenfunktionsfreie Verfahren

Einfach additive Gewichtungsverfahren (simple additive weighting methods, SAW) liegen in verschiedenen Versionen vor. Allen ist gemeinsam, daß die unmittelbar zur System-/Projektevaluation verwendeten Attribute einstufig angeordnet sind. Zudem wird bei den meisten Verfahren auf eine explizite Mitberücksichtigung von *Nutzenfunktionen* (utility functions) *verzichtet.*

Falls m Alternativen anhand von n Attributsausprägungen zu evaluieren sind, wobei die den einzelnen Attributen zugewiesenen *Gewichtungsfaktoren* mit w_i , i = 1(1)n, und die *Attributswerte* mit x_{ij} , j = 1(1)m, bezeichnet werden, ergibt sich für die Alternative j der Wert

$$A_j = \sum_i w_i \, x_{ij} \, / \, \sum_i w_i$$

Üblicherweise wird mit normalisierten Gewichten gearbeitet, so daß für die beim Evaluationsprozeß mitberücksichtigten n Attribute

$$\sum_i w_i = 100 \ (\%)$$

zutrifft.

Für die aufgrund dieses Ansatzes zu bevorzugende Alternative gilt

$$A^* = \text{Max } A_j$$

Bei der praktischen Umsetzung einstufig additiver Gewichtungsverfahren treten zahlreiche - auch konzeptionell recht interessante - Probleme auf; sie werden bei stufenweiser Diskussion der einzelnen *Arbeitsschritte* klar erkennbar [55; 101].

Den folgenden Ausführungen liegt das aus Abbildung 3 ersichtliche *Phasenschema* zugrunde.

Abbildung 3.Einstufig additive Gewichtungsverfahren, Phasenschema

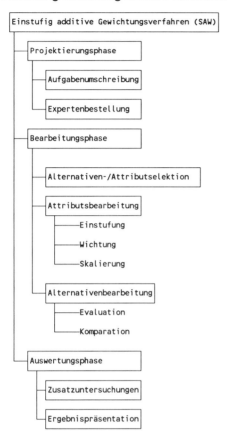

- Aufgabenbeschreibung

Gemäß Abbildung 3 ist im Rahmen der Projektierungsphase zunächst eine *Aufgaben-beschreibung* vorzunehmen. Sie soll über *Objekt* und *Zweck* der vorgesehenen Untersuchung informieren.

Bei größeren Projekten wird zunächst eine *tentative Aufgabenformulierung* erforderlich sein, die später mit der - möglicherweise erst noch zu bestimmenden - Projektleitung in Einzelheiten zu bereinigen und schließlich als *verbindliche Untersuchungsaufgabe* vorzugeben ist. Bei Großprojekten sind im übrigen auch Angaben über Interessenten

kreise, eventuell verbunden mit gruppenspezifischen Hinweisen auf untersuchungs-
relevante Teilaspekte eines Projekts, erwünscht.

Generell ist das *Untersuchungsobjekt* möglichst konzis zu umschreiben. Dies fällt bei
einfachen, oft spontan in die Wege geleiteten, Fallstudien für Forschungs-/Ausbil-
dungszwecke relativ leicht. Bei größeren Untersuchungen sind Angaben über Auftraggeber und vorgesehene Berichtsempfänger, eventuell auch über die Art der
erwünschten Ergebnispräsentation, erwünscht.

Angaben über den *Zweck der Untersuchung* sind insofern wichtig, als die Ausprägung
der Folgeschritte weitgend davon abhängt, ob die Untersuchung nur generelle
Informationen liefern oder unmittelbar zur Vorbereitung konkreter - strategischer oder
operativer - Entscheidungen dienen soll.

Bei den zur Entscheidungvorbereitung vorgesehenen Untersuchungen kann nicht nur
die Zahl der in die Analyse einzubeziehenden *Alternativen*, sondern insbesondere
auch die Anzahl der als untersuchungsrelevant betrachteten *Attribute* beträchtliche
Ausmaße erreichen. Extrem einfache Strukturen weisen im allgemeinen die für Aus-
bildungszwecke präparierten Fallstudien auf.

- Expertenbestellung

In Abbildung 3 wird im Rahmen der Projektierungsphase die *Expertenbestellung*
besonders hervorgehoben. Sie ist nur bei Großprojekten relevant. Obwohl der Beizug
von *Einzelexperten* grundsätzlich möglich ist, erweist sich die Bestellung von *Expertengruppen* im allgemeinen als zweckmäßiger; nicht zu übersehen sind allerdings auch
die mit Expertenbestellung und -Einsatz verbundenen Verzögerungen im zeitlichen
Ablauf von Projekten, nicht zuletzt auch in Verbindung mit eventuell notwendig wer-
denden Alternativauswertungen (vgl. auch Abschnitt 423).

- Alternativen-/Attributselektion

Die zentrale Arbeitsphase betrifft die Projektbearbeitung. Dabei steht zunächst die Bestimmung der untersuchungsrelevanten Alternativen und Attribute an.

Die *Alternativenselektion* hat im Rahmen der vorgegebenen Aufgabenstellung (Objekt/Zweck) zu erfolgen. Es wird empfohlen, die Zahl der in die Untersuchung einzubeziehenden Alternativen restriktiv festzulegen, wobei auch die Null-/Verzichtsalternative mitzuberücksichtigen ist. Im übrigen ist darauf zu achten, daß zwischen den einzelnen Alternativen klar *abgrenzbare Unterschiede* bestehen, die sich leicht erfassen und beschreiben lassen.

Die Alternativenbeurteilung hat anhand spezifischer Merkmale und deren konkreten Ausprägungen zu erfolgen. Deshalb kommt der *Attributselektion* zentrale Bedeutung zu. Dabei ist primär darauf zu achten, daß die benutzten Attribute bei den in die Untersuchung einzubeziehenden Alternativen *erfaßbar* und für deren Beurteilung *relevant* sind (value attributes). Auf die Mitberücksichtigung untersuchungsfremder Aspekte (pseudo-attributes) ist zu verzichten. Dies auch dann, wenn solche Aspekte für einzelne Beteiligte bedeutsam erscheinen oder - in einem weiteren Rahmen - von beträchtlichem Allgemeininteresse sind. Schwierige Grenzsituationen können sich insbesondere bei politisch sensitiven Projekten ergeben [*101*, p. 36-38].

Die Zahl der in eine Untersuchung einzubeziehenden Attribute ist relativ niedrig zu halten. Generell sind nur voneinander *unabhängige Attribute* zu berücksichtigen. Parallelattribute sind durch Neudefinition/Teilelimination zu vermeiden. Neutrale - bei allen Alternativen nicht weiter differenzierbar in Erscheinung tretende - Attribute können ausgeschieden werden.

Im allgemeinen sollte mit etwa 10-15 untersuchungsrelevanten Attributen auszukommen sein. Höhere Zahlen verleiten in der Folge zu eher groben Schätzungen unter Zeitdruck [*56*, p. 212-214].

Zur Vorbereitung der Attributselektion erweist sich der Aufbau mehrstufiger *Strukturdiagramme* als zweckmäßig. Dadurch läßt sich der logische *Zusammenhang zwischen Attributen* höherer und niedriger Ordnung besser erkennen. Vgl. Abbildung 4.

Abbildung 4. Attributsfeingliederung, Beispiel

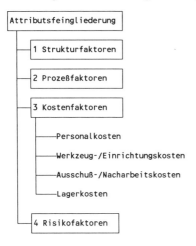

- *Attributsbearbeitung*

An die Alternativen-/Attributselektion schließt sich - vgl. Abbildung 3 - die *Attributs-bearbeitung* an. Sie betrifft die Einstufung und Wichtung der Attribute untereinander sowie die Erstellung von Beurteilungsskalen für alle Einzelattribute.

- - *Attributseinstufung*

Über die zu untersuchenden Attribute ist - abgestützt auf das sich aus der Aufgaben-formulierung implizit oder explizit ergebende Zielsystem - eine *Rangordnung* (ranking) zu erstellen.

Bei insgesamt n Attributen sind zur Erstellung einer vollständigen Präferenzordnung $n(n - 1)/2$ *paarweise Vergleiche* vorzunehmen und tabellarisch weiter *auszuwerten*.

Tabelle 12. Attributsumschreibung, Beispiel

```
┌────────────────────────────────────────────────────────────────────┐
│ Projekt: Logistik-System                                            │
├────────┬───────────────────────────────────────────────────────────┤
│ Kürzel │ Attributsumschreibung                                     │
├────────┼───────────────────────────────────────────────────────────┤
│   A    │ Umsatz/ZE                                                  │
│   B    │ NPV (Net Present Value), Mio, GE                           │
│   C    │ Lagerbestände (inklusive Lagerhäuser, Verteilzentren)      │
│   D    │ Produktions-/Vertriebskosten/ME                            │
│   E    │ Produktions-/Lagerbestandsschwankungen                     │
│   F    │ Systemkompatibilität/-Steuerbarkeit                        │
├────────┴───────────────────────────────────────────────────────────┤
│ GE = Geldeinheit, ME = Mengeneinheit, ZE = Zeiteinheit             │
└────────────────────────────────────────────────────────────────────┘
```

Den folgenden Ausführungen wird das aus Tabelle 12 ersichtliche Projekt zugrunde gelegt. Es umfaßt lediglich sechs - im Logistikbereich erfahrungsgemäß bedeutsame - Einflußfaktoren [196] zu deren Rangeinstufung 6(6 - 1)/2 = 15 paarweise Vergleiche vorzunehmen sind. Falls - unter Beachtung der Transitiviät der Präferenzen - von Fachleuten die Relationen

A < B	B > C	C < D	D = E
A > C	B > D	C = E	D = F
A > D	B > E	C < F	
A > E	B > F		E < F
A < F			

festgelegt werden, ergibt sich die aus Tabelle 13 ersichtliche Attributs-Rangfolge.

Tabelle 13. Attributsrangfolge, Beispiel

Attribute	A	B	C	D	E	F	Total	Rang-folge
A			1	1	1		3	3
B	1		1	1	1	1	5	1
C					1/2		1/2	6
D			1		1/2	1/2	2	4
E			1/2	1/2			1	5
F		1		1	1/2	1	3 1/2	2
Total							15	
1 (1/2) = Zeilenattribut im Vergleich zu Spaltenattribut höher (gleich) eingestuft								

Die untersuchten Attribute sind in Tabelle 14 in aufsteigender Rangfolge angeordnet; ausgewiesen werden auch die erreichten Rangpunkte p_i.

Tabelle 14. Attributsrangfolge, Beispiel

Zeilen-Nr. / Rang r_j	Attribut	Punktzahl p_j
1	B	5
2	F	3 1/2
3	A	3
4	D	2
5	E	1
6	C	1/2
	Total	15

Die erstellte Rangfolge basiert unmittelbar auf der erreichten Punktzahl; es gilt generell

$$p_i \geq p_{i+1} .$$

- - Attributswichtung

Die im vorerwähnten Sinne erstellten Rangfolgen bilden die Grundlage zur *Zuordnung von Gewichtungsfaktoren* (weights) an die einzelnen Attribute. Gleichzeitig wird damit auch die Voraussetzung für gut fundierte multikriterielle Alternativenvergleiche geschaffen.

Zur *Festlegung der Attributsgewichte* (weighting of attributes) bestehen zahlreiche Alternativen.

Bei *uniformer Gewichtung* (equal weighting) gilt für die Einzelgewichte
$$w_i = 1/n \, , \, i = 1(1)n$$
oder
$$w_i = 1/n \, . \, 100 \, (\%),$$
wobei n die Zahl der mitberücksichtigten Attribute bezeichnet.

Die Wahl uniformer Gewichtungsfaktoren kann sich dann aufdrängen, wenn mit der Festlegung differenzierter Gewichtungsfaktoren verbundene Schwierigkeiten - etwa unüberbrückbare Meinungsdifferenzen zwischen beigezogenen Experten - überwunden werden sollen; außerdem kann die bei Gleichgewichtung anfallende Rangordnung der Attribute als Basis für Sensitivitätsanalysen benutzt werden [101, p. 53].

Differenzierte Gewichte lassen sich am einfachsten nach dem *Rangsummenverfahren* (sum of the digits method) festlegen. Dabei wird dem wichtigsten Attribut die höchste Rangnummer zugeordnet; bei niedrigerer Attributeinstufung sind die Gewichte entsprechend zu reduzieren. Die Einzelgewichte werden nach der Formel

$$w_i = \frac{n - r_i + 1}{n\,(n + 1)/2} \cdot 100\%$$

bestimmt (rang sum weights). Dabei bezeichnit r_i die Rangstufe.

Bezogen auf das vorerwähnte Beispiel ergeben sich die aus Tabelle 15 ersichtlichen Ergebnisse.

Tabelle 15. Attributswichtung, Beispiele zu Formalverfahren

Attribut		Rangstufe	Gewichte (%)				
Kürzel	Nr. i	r_i	uniform w_i	rangsummenbezogen		rangreziprok	
				$(n-r_i+1)$	w_i	$1/r_i$	w_i
B	1	1	16.67	6	28.57	1	40.82
F	2	2	16.67	5	23.81	0.5	20.41
A	3	3	16.67	4	19.05	0.33	13.47
D	4	4	16.67	3	14.29	0.25	10.20
E	5	5	16.67	2	9.52	0.20	8.16
C	6	6	16.67	1	4.76	0.17	6.94
Total		21	100	21	100	2.45	100
n = 6 , n(n + 1)/2 = 21							

Bei *rangreziproker Gewichtung* gilt für die Einzelgewichte (rang reciprocal weights)

$$w_i = \frac{1/r_i}{\sum_i (1/r_i)} \cdot 100 \ (\%) \ , \ i = 1(1)n$$

Tabelle 15 zeigt, daß hochrangige Attribute sehr stark gewichtet werden. Ein wesentlich flacherer Verlauf der Gewichtskurve ergibt sich beim Rangsummenverfahren.

Zu bevorzugen ist jener Ansatz, der fallspezifisch zu den realitätsnäheren Gewichtungsstrukturen führt [56, p. 226-228; *101*, p. 54-55].

Zu den vorerwähnten Verfahren ist kritisch zu vermerken, daß sie sehr formal sind *(Formalverfahren)*. Größere Flexibilität läßt sich durch das *Stufenverfahren* erreichen. Darnach wird dem als am wenigsten bedeutsam eingestufen Attribut ein *fester Basiswert* - üblicherweise 10 oder 20 - zugeordnet; die übrigen Attribute sind - bei Verwendung einer nach oben offenen Skala - höher zu bewerten. Dabei muß nicht notwendigerweise ein linearer Verlauf der Gewichtskurve unterstellt werden. Die zunächst frei gewählte *Gewichtsskala* ist anschließend zu *normalisieren* und so aufbereitet zur Attributsevaluation zu verwenden.

Tabelle 16 zeigt ein im vorerwähnten Sinne zur Festlegung von Attributsgewichten verwendbares Formular.

Tabelle 16. Attributswichtung, Beispiel zu Stufenverfahren

Attribut				Wichtung	
Nr. i	Kürzel	Umschreibung	Rang r_i	frei	normiert (%)
1	B	NPV (Net Present Value), Mio.GE	1	60	24
2	F	Systemkompatibilität/-Steuerbarkeit	2	55	22
3	A	Umsatz/ZE	3	50	20
4	D	Produktions-/Vertriebskosten/ME	4	40	16
5	E	Produktions/Lagerbestandsschwankungen	5	25	10
6	C	Lagerbestände (inklusive Lager-häuser, Verteilzentren)	6	20	8
Total				250	100

Bei relativ häufig vorzunehmenden Untersuchungen ist die *Verwendung von Standardformularen* empfehlenswert [55].

Im übrigen wird in der Literatur auf sorgfältige Überprüfung der Wichtungskonsistenz großen Wert gelegt [*101*, p. 56-62].

- - *Attributskalierung*

Die Skalierung stellt im Rahmen der Attributsbearbeitung - vgl. Abbildung 3 - die dritte Stufe dar. Sie ist im Gegensatz zu den beiden vorangehenden Arbeitsstufen nicht mehr inter-, sondern intra-attributiv ausgerichtet. Es geht im wesentlichen darum, für jedes einzelne Attribut die *extremalen Merkmalsausprägungen* - verbal und/oder numerisch - zu spezifizieren. Die sich daraus ergebende *Variationsbreite* bildet die Basis für eine adäquate Festlegung und *Eingliederung intermediärer Merkmalsausprägungen*.

Diese *Feinskalierung* - Festlegung von "location measures" - erweist sich bei *verbalen Stufenbeschreibungen* als recht anspruchsvoll, da allgemein verständliche und eindeutig einstufbare Bezeichnungen zu verwenden sind. Es ist generell sinnvoll, die gewählten verbalen Stufenbeschreibungen durch *numerische Skalen* zu untermauern.

Numerisch erfaßte Attributsausprägungen - beispielsweise Pay-Back-Zeit (Jahre), Return on Investment (%) - sind ebenfalls in *einheitliche (Normal-)Skalen* umzusetzen.

Bei numerisch erfaßten Attributsausprägungen muß die *Umsetzung auf Normalskalen* nicht notwendigerweise linear erfolgen; es kann auch mit unterschiedlichen Stufen-(Klassen-)Breiten gearbeitet werden. So kann etwa - vgl. Tabelle 17 - der ROI unter Mitberücksichtigung der zu erwartenden Nutzenvorstellungen der Entscheidungsträger recht unterschiedlich skaliert werden. Vgl. hierzu auch Abbildung 5.

Es wird empfohlen, generell mit *fein abgestuften Normalskalen* zu arbeiten. Skaleneinteilungen vom Typ 0(10)100 oder 0(1)10 lassen sich besonders leicht in Tabellen und graphische Darstellungen umsetzen. Üblich sind auch die Skalen 10(10)100 oder 1(1)10. Sie können zudem durch schaubildliche Darstellungen ergänzt werden. Tabelle 17 zeigt einige Beispiele.

- - Alternativenbearbeitung

An die Attributsbearbeitung schließt sich - vgl. Abbildung 3 - die *Alternativenbearbeitung* an. Sie umfaßt ihrerseits zwei Stufen, welche die Alternativenevaluation und -Komparation beinhalten.

Tabelle 17. Attributskalierung, Beispiele

Attribut-umschreibung	Attributsausprägung/Skala						
Produkt-qualität	schlecht	annehmbar	gut		ausgezeichnet		
	1	4	7		10		
Lagerbestand	sehr hoch	über-durch-schnitt-lich	durch-schnitt-lich	unter-durch-schnitt-lich	sehr niedrig		
	0	2	5	8	10		
Pay-Back-Zeit (Jahre)	>4	4	3.5	3	2.5	2	1.5 <1
	1	3	4	5	6	7	8 10
ROI-Return on Investment (&) unterschiedliche Skalierung	0	2	6	10	14	18	20
	0	10	30	50	70	90	100
	0	0	0	5	20	60	100
	0	0	0	0	10	50	100

Abbildung 5. Attributskalierung, Beispiel mit unterschiedlicher ROI-Bewertung

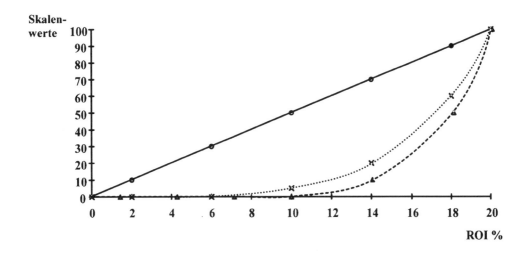

- - Alternativenevaluation

Zur Alternativenevaluation sind zunächst die einzelnen *Attribute* auf den für sie relevanten Skalen zu *positionieren*, wobei - vgl. Tabelle 18 - auch nicht explizit spezifizierte *Zwischenstufen* benutzt werden können.

Die auf den individuellen Attributskalen gewählten Positionen sind anschließend auf die generell verwendete *Bewertungsskala* umzusetzen und zur Weiterverarbeitung bereitzustellen. Dies kann - bei entsprechend aufgebauten Auswertungsformularen - durch direkte Ablesung und Ausweisung in der hierfür vorgesehenen *Bewertungszeile* (x_i) erfolgen.

Tabelle 18. Attributskalierung und -Evaluation, Beispiel

Skala (normiert)	Attribut				Alternative (Bezeichnung)
	1 ROI (%)	2 NPV (Mio)	3 Produktqualität	...	
100	20	130	ausgezeichnet		Bemerkungen
90	18				
80					
70	14		gut		
60	**12**				
50	10		**(annehmbar/gut)**		
40		**100**	annehmbar		
30	6				
20					
10	2		schlecht		
0	0	80			
Bewertung einfach x_i	60	40	50	...	Zeilensumme ....
Gewicht w_i (%)	25	20	20	...	Zeilensumme 100
Bewertung gewichtet $w_i x_i$	15	8	10	...	Zeilensumme ....

Bei *quantitativ spezifizierten Attributsausprägungen* können die Skalenwerte für jedes Attribut i auch nach der *Formel*

$$x_i = x_u + \frac{x_o - x_u}{a_o - a_u} (a_i - a_u)$$

berechnet werden, wobei

a_o , a_u	hoch resp. tief eingestufte Ausprägungen des bearbeiteten Attributs i,
x_o , x_u	die entsprechenden Werte auf der Normalskala
	und
a_i	die umzuskalierende Ausprägung des Attributs i

bezeichnen.

Bezogen auf die in Tabelle 18 angeführten ROI- resp. NPV-Werte erhält man für den erwarteten ROI von 12 %

$$x_2 = 0 + \frac{100 - 0}{20 - 0} (12 - 0) = 60$$

und für einen NPV von 100 Mio. GE

$$x_1 = 0 + \frac{100 - 0}{130 - 80} (100 - 80) = 40$$

Die Ergebnisse der einfachen Attributsbewertung (x_i) sind anschließend noch mit den Gewichtungsfaktoren (w_i) zu multiplizieren. Die Resultate der gewichteten Attributsbewertung ($w_i x_i$) werden addiert und als Grundlage für nachfolgende Alternativenvergleiche verwendet.

Tabelle 19 zeigt, daß die Unterschiede zwischen einfacher und gewichteter Attributsbewertung (465/6 = 78; 79) relativ gering ausfallen können. Dies insbesondere dann, wenn Alternativen anhand einer größeren Zahl von Attributen (n) zu bewerten sind und die Gewichtungsfaktoren w_i nur gering vom Durchschnittswert 100/n (uniforme Gewichtung) abweichen.

Tabelle 19. Alternativenevaluation, Beispiel

Alternative: Logistik-System, Projekt 1 (vgl. Tabelle 12 und 16)							
Attribut						**Bewertung**	
Nr.	Kürzel	Umschreibung	Rang r_i	Gewicht w_i(%)	ein-fach x_i	gewich-tet $w_i x_i$	
1	B	NPV (Net Present Value)	1	24	85	20	
2	F	Systemkompatibilität/-Steuerbarkeit	2	22	75	16	
3	A	Umsatz/ZE	3	20	95	19	
4	D	Produktions-/Vertriebskosten/ME	4	16	75	12	
5	E	Produktions-/Lagerbestandsschwankungen	5	10	65	6	
6	C	Lagerbestände (inkl.Lagerhäuser, Verteil-zentren)	6	8	70	6	
Total				100	78	79	

- - *Alternativenkomparation*

Alternativenvergleiche lassen sich am besten anhand einfacher tabellarischer Dar-stellungen vornehmen. Für einen allgemeinen Überblick genügt jeweils *die Aufreihung der (gewichteten) Bewertungsergebnisse*; vgl. Tabelle 20.

Tabelle 20. Alternativenkomparation, Beispiel

Attribut				**Bewertung, gewichtet** $(w_i x_i)$		
Nr.	Kürzel	Rang r_i	Gewicht w_i(%)	**Alternative**		
				1	2	3
1	B	1	24	20	14	
2	F	2	22	16	29	
3	A	3	20	19	10	
4	D	4	16	·12	6	
5	E	5	10	6	3	
6	C	6	8	6	3	
Total			100	79	65	

Graphische Ergebnisdarstellungen sind vorzugsweise auf wenige Alternativen zu beschränken. Vgl. hierzu Abbildung 6, aus der die einfachen und gewichteten Bewer-tungsergebnisse sowie die relative Bedeutung der Gewichtungsfaktoren gut erkennbar sind. Die verwendeten Daten für Alternative 1 sind aus Tabelle 19 ersichtlich; diejeni-gen für Alternative 2 sind (vgl. auch Tabelle 20) supponiert.

Als recht aussagekräftig erweisen sich auch *Polardiagramme*; vgl. Abbildung 7. Hierbei verdeutlicht die Größe der im Uhrzeigersinn angeordneten Kreissegmente die Gewichtung der einzelnen Attribute [56, p. 219-221].

Abbildung 6. Alternativenkomparation, graphische Darstellung

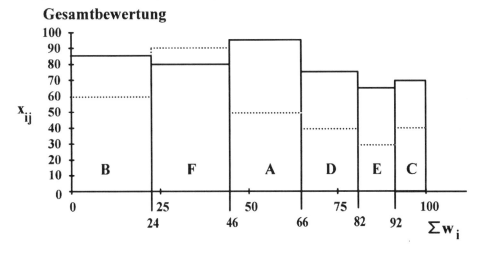

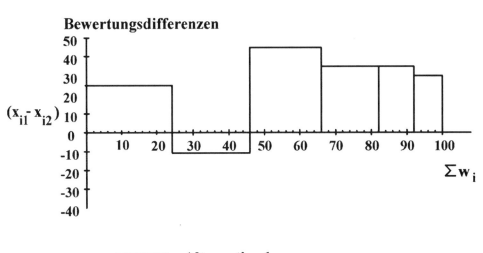

Abbildung 7. Alternativenkomparation, Polardiagramm

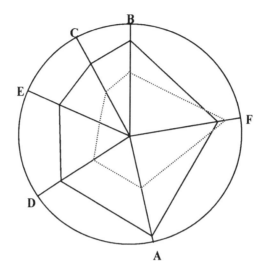

- Zusatzuntersuchungen

Die letzte Arbeitsphase betrifft - vgl. Abbildung 3 - die *Ergebnisauswertung*. Dabei stellt sich auch die Frage, ob und in welchem Umfang die gewonnenen Untersuchungs-ergebnisse durch Zusatzanalysen ergänzt werden sollen.

Als solche *Zusatzuntersuchungen* bieten sich *Sensitivitätsanalysen* an [56, p. 232-237; 101, p. 81-95]. Außerdem können *zusätzliche Restriktionen* - etwa bezüglich der Kapitalbeschaffung - in die Untersuchung einbezogen werden, was möglicherweise zu einer Neueinstufung der zunächst präferierten Alternativen führen kann.

Weiterhin kann es sich als nützlich erweisen, die tentativ selektierten Alternativen unter Ansetzung *optimistischer und pessimistischer Annahmen* neu zu bewerten [55, p. 89-92].

- *Ergebnispräsentation*

Die *Präsentation der Untersuchungsergebnisse* hat den Bedürfnissen der Berichts-empfänger entsprechend zu erfolgen. Dabei kann sich eine möglichst weitgehende Unterstützung des Textes durch Tabellen und graphische Darstellungen als nützlich erweisen.

322.2   Nutzenfunktionsgestützte Verfahren

Die additiven Gewichtungsverfahren können durch den expliziten *Einbezug von Nutzwertfunktionen* (utility functions) in den Evaluationsprozeß verfeinert werden [*195*].

Falls mit den aus Abbildung 8 ersichtlichen Nutzenfunktionen gearbeitet werden soll, können die anstelle von x_i zu verwendenden Skalenwerte u_i aufgrund der Kurvenbilder approximiert oder aber anhand der in Tabelle 21 angeführten Formeln berechnet werden, wobei für Skalen vom Typ 0(10)100

$$x_i = 100 \left(\frac{a_i - a_u}{a_o - a_u} \right)$$

gilt und a_o, a_u den oberen resp. unteren Grenzwert möglicher Attributausprägungen a_i bezeichnen.

Bezogen auf die in Tabelle 18 angeführten ROI- resp. NPV-Werte erhält man

$$x_1 = 100 \left(\frac{12 - 0}{20 - 0} \right) = 60$$

für den erwarteten ROI von 12 %
und - bei Verwendung der Nutzenfunktionen B, F und G -

$$u_1 = 100 \left[1 - (1 - 0.6)^2 \right] = 84$$

$$u_1 = 100 \left[1 - (1 - 0.6)^{0.5} \right] = 37$$

$$u_1 = 100 \left[1 - (1 - 0.6^2)^{0.5} \right] = 20$$

Abbildung 8. Nutzenfunktionsverläufe

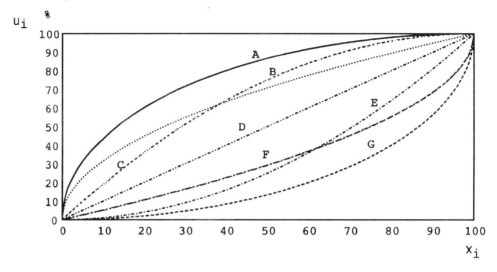

Tabelle 21. Nutzenfunktionen, Skalierung 0(10)100

Kurve	Funktion
A	$100 \left[[1 - (x_i/100 - 1)^2]^{0.5} \right]$
B	$100 [1 - (1 - x_i/100)^2]$
C	$100 [(x_i/100)^{0.5}]$
D	x_i
E	$100 [(x_i/100)^2]$
F	$100 [1 - (1 - x_i/100)^{0.5}]$
G	$100 [1 - [(1 - (x_i/100)^2]^{0.5}]$

Entsprechend wird

$$x_i = 100 \left(\frac{100 - 80}{130 - 80} \right) = 40$$

für einen NPV von 100 Mio GE
berechnet; bei Abstützung auf die Nutzenfunktion A erhält man

$$u_2 = 100 [[1 - (0.4 - 1)^2]^{0.5}] = 80$$

Die Werte können auch in Abbildung 8 approximativ abgelesen werden.

Bei der Wahl anderer Skalierungen sind die Formeln entsprechend anzupassen.

Vermerkt sei, daß sich der *Verlauf der individuellen Nutzenfunktionen* auch nach anderen - in der Literatur zur Entscheidungstheorie [*336*, p. 32-53; *155*, p. 631-643] ausführlich diskutierten - *Verfahren* bestimmen läßt; ihre praktische Relevanz ist allerdings gering [*56*, p. 244-254].

323   Übrige Standardverfahren

Neben den vorerwähnten sind aus der Literatur noch zahlreiche *andere Verfahren* bekannt. Die meisten von ihnen relativ einfach strukturiert und zur Bearbeitung praktischer Probleme nur bedingt geeignet.

323.1   Maximin-/Maximax-Verfahren

Nach dem *Maximin-Verfahren* wird von m Alternativen mit jeweils n kennzeichnenden Attributen bezogen auf jedes Attribut die Alternative mit dem niedrigsten Wert ausgezeichnet und alsdann aus diesen Alternativen jene mit dem höchsten Kennwert selektioniert.

Für die selektionierte Alternative gilt

$$A^* = \left\{ A_j \mid \max_j \min_i x_{ij} \right\}, \; i = 1(1)n, \; j = 1(1)m$$

wobei x_{ij} einheitlich skalierte Merkmalsausprägungen darstellt.

Nötigenfalls ist vorgängig eine Umsetzung auf die Einheitsskala (common scale) erforderlich.

Die Umskalierung kann nach verschiedenen Verfahren erfolgen. Besonders einfach ist die Umrechnung

$$x_{ij} = \frac{a_{ij}}{a_o}$$

Hierbei bezeichnen

a_o die höchste und auch meistpräferierte Ausprägung des Attributs i und

a_{ij} die aktuelle Attributsausprägung bei der Alternative j.

Es kann aber auch die bereits an anderer Stelle (Abschnitt 322.2) erwähnte Berechnungsweise

$$x_{ij} = \frac{a_{ij} - a_u}{a_o - a_u}$$

benutzt werden, wobei

a_o , a_u den oberen resp. unteren Grenzwert der Attributsausprägungen a_{ij} bei Berücksichtigung aller Alternativen j bezeichnen.

Falls die niedrigste Attributsausprägung als die meistpräferierte anzusetzen ist, sind die Umrechnungen nach den Formeln

$$x_{ij} = \frac{1/a_{ij}}{\max_i(1/a_{ij})} = \frac{\min a_{ij}}{a_{ij}} = \frac{a_u}{a_{ij}}$$

resp.

$$x_{ij} = \frac{a_o - a_{ij}}{a_o - a_u}$$

vorzunehmen.

Tabelle 22 zeigt ein schematisches Beispiel mit einem in seiner Ausprägung zu minimierenden (Kosten-)Attribut.

Die attributsbezogen ermittelten Minimalwerte sind in Tabelle 22 **fett** gekennzeichnet; ihr Maximalwert beträgt 0.4. Es ist mithin Alternative 3 zu präferieren.

Der Maximin-Methode sind wesentliche Nachteile inhärent. Insbesondere wird dem Entscheidungsträger ein extremer Pessimismus unterstellt; außerdem wird das verfügbare Datenmaterial nur partiell und undifferenziert ausgewertet.

Tabelle 22. Maximin-Verfahren, Beispiel

Attribute	Alternativen 1	2	3	4
	Basisdaten			
1	2	2.5	1	1.5
2	1000	3000	4000	2000
3	400	500	200	100
4 (Kosten)	800	1000	400	200
Umskalierung $x_{ij} = a_{ij}/a_o$ resp. $x_{ij} = a_u / a_{ij}$				
1	0.8	1.0	0.4	0.6
2	0.25	0.75	1.0	0.5
3	0.8	1.0	0.4	0.2
4	0.25	0.2	0.5	1.0

Von einer ultraoptimistischen Grundhaltung geht das *Maximax-Verfahren* aus. Für die zu wählende Alternative gilt

$$A^* = \left\{ A_j \mid \max_j \max_i x_{ij} \right\} , \; i = 1(1)n, \; j = 1(1)m$$

Anhand der in Tabelle 22 ausgewiesenen Daten wären die Alternativen 2 - 4 (mit Maximalwerten von 1) zu selektionieren, wobei zusätzlich - vgl. Abschnitt 321.2 - zu beachten ist, daß Alternative 2 die Spitzenposition zweimal einnimmt.

Grundsätzlich sind auch noch andere - in der Entscheidungstheorie ausführlich behandelte [26, S. 107-115] - Gewichtungsmethoden verwendbar. So kann etwa nach der Hurwicz-Regel mit einem Gewichtungsfaktor α gearbeitet und die Alternativenselektion auf der Basis von

$$A^* = \left\{ A_j \mid \max_j \left[\alpha \min_i x_{ij} + (1 - \alpha) \max_i x_{ij} \right] \right\}$$

durchgeführt werden, wobei $0 < \alpha < 1$ [174, p. 30-31, 61-65].

323.2   Lexikographisches Verfahren

Das *lexikographische Verfahren* (lexicographic method) kann bei *ordinal* geordneten Attributen zur Alternativenselektion benutzt werden.

Ist aus m Alternativen unter Berücksichtigung von n Attributen zu wählen, so gilt

$$\{A^k\} = \left\{ A^{k-1} \mid \max_j x_{kj} \right\}$$

wobei

$\{A^0\} = \{A_j\}$, $j = 1(1)m$, die Ausgangssituation mit m Alternativen betrifft, k den Iterationszähler bezeichnet und generell

$$j \in \{A^k\}$$

zutrifft.

Sind mehrere Alternativen ranggleich, umfaßt $\{A^k\}$ mithin mehr als 1 Element, so muß der Selektionsprozeß wiederholt werden. Er läuft so lange ab, bis entweder $\{A^k\}$ nur noch aus einem Element besteht oder alle n Attribute in den Selektionsprozeß einbezogen sind. Letzterenfalls gelten die Alternativen der Menge

$$\{A^k\} \, , k = n$$

als äquivalent [174, p. 74]. Vgl. hierzu auch das schematische Beispiel in Tabelle 23.

Tabelle 23. Lexikographisches Verfahren, Beispiel

Attribut		Alternative			
Nr.	Rang	1	2	3	4
1	r_1	20	10	5	20
2	r_2	10	8	5	9
3	r_3	5	10	20	30

$\{A^0\} = \{A_j\}$, $j = 1(1)4$
$\{A^1\} = \{A_1 , A_4\}$
$\{A^2\} = \{A_1\}$

Der Nachteil des Verfahrens besteht darin, daß nachrangig eingestufte Attribute bei der Alternativenselektion meist ganz oder teilweise unberücksichtigt bleiben; eine integrale Attributsgewichtung erfolgt nicht.

Vorteilig ist, daß die erfaßten Attribute untereinander nicht notwendigerweise vergleichbar sein müssen; im Gegensatz zum Minimax-/Maximax-Verfahren sind mithin keine Umskalierungen erforderlich.

Eine *Variante* des vorerwähnten einfachen lexikographischen Verfahrens ist das *Halbordnungsverfahren* (lexicographic semiorder). Es ist dadurch charakterisiert, daß geringe - bezüglich des zulässigen Umfangs genau spezifizierte - Abweichungen in der Attributsausprägung zur Alternativen-Elimination nicht ausreichen [174, p. 75-76].

Falls beispielsweise - bezogen auf Tabelle 23 - beim zweitklassierten Attribut Abweichungen von 1 als irrelevant betrachtet werden, stellt sich der Selektionsprozeß in der aus Tabelle 24 ersichtlichen Form dar; es kommt nach 3 Iterationen zur Präferenzierung von A_4.

Tabelle 24. Lexikographisches Halbordnungsverfahren, Beispiel

```
Basisdaten gemäß Tabelle 23
{A^0} = {A_j}  , j = 1(1)4
{A^1} = {A_1 , A_4}
{A^2} = {A_1 , A_4}
{A^3} = {A_4}
```

323.3 Lineare Zuordnungsverfahren

Zuordnungsverfahren dienen zur Alternativenselektion auf der Basis rangstufenmäßig geordneter und gewichteter Attribute.

Ein besonders einfaches Zuordnungsverfahren geht dahin, die Einstufung der Alternativen aufgrund der *Summe der gewichteten Rangordnungszahlen* vorzunehmen, wobei die jeweils beste Alternative die niedrigste Rangpunktzahl aufweist. Vgl. Tabelle 25, bei der zunächst mit gleichen und anschließend mit unterschiedlichen Gewichten gearbeitet wird.

Eine *verfeinerte Rangpunktzuordnung* drängt sich dann auf, wenn - wie im vorigen Beispiel - mehrere Alternativen bezüglich einzelner Attributsausprägungen gleichrangig eingestuft werden. Diesfalls wird empfohlen, bei einer durch g Alternativen besetzten

Tabelle 25. Einfaches Zuordnungsverfahren, Beispiel

Attribute i	Alternativenzuordnung				
	Rang Punktzahl	1 1	2 2	3 3	4 4
1 2 3	Einordnung der Alternativen gemäß Basisdaten aus Tabelle 23	A_1, A_4 A_1 A_4	- A_4 A_3	A_2 A_2 A_2	A_3 A_3 A_1
Rangpunktberechnung					
Attribute gleich gewichtet w = (1, 1, 1)					
Alternative		Teilwerte		Total	
	A_1 A_2 A_3 A_4	1 + 1 + 4 3 + 3 + 3 4 + 4 + 2 1 + 2 + 1		6 9 10 4	
Attribute ungleich gewichtet w = (0.5, 0.3, 0.2)					
Alternative		Teilwerte		Total	
	A_1	1 · (0.5) + 1 · (0.3) + 4 · (0.2)		1.6	
	A_2	3 · (0.5) + 3 · (0.3) + 3 · (0.2)		3.0	
	A_3	4 · (0.5) + 4 · (0.3) + 2 · (0.2)		3.6	
	A_4	1 · (0.5) + 2 · (0.3) + 1 · (0.2)		1.3	

Rangstufe diese Alternativen auch den (g - 1) folgenden Stufen zuzuordnen, ihnen aber jeweils nur (1/g) der jeweiligen Rangpunktzahl zuzurechnen. Vgl. Tabelle 26.

Die in der Literatur meistdiskutierte Methode (linear assigment method) entspricht dem vorerwähnten verfeinerten Verfahren, nimmt aber keine Rangstufengewichtung vor [174, p. 93-98; 451, S. 60-62].

Die nach diesem Ansatz erarbeiteten Untersuchungsergebnisse lassen sich am besten in der aus Tabelle 27 ersichtlichen Form zusammenstellen.

Tabelle 26. Verfeinertes Zuordnungsverfahren, Beispiel

Attribute i	Alternativenzuordnung				
	Rang Punktzahl	1 1	2 2	3 3	4 4
1	Doppelte Einordnung	A_1 , A_4	A_1 , A_4	A_2	A_3
2	der Alter- nativen	A_1	A_4	A_2	A_3
3	beachten	A_4	A_3	A_2	A_1

Rangpunktberechnung
Attribute ungleich gewichtet w = (0.5, 0.3, 0.2)

Alternative	Teilwerte, Abarbeitung in Rang- folge	Total
A_1	$1 \cdot 1/2 \cdot (0.5) + 1 \cdot (0.3)$ $+ 2 \cdot 1/2 \cdot (0.5) + 4 \cdot (0.2)$	1.85
A_2	$3 \cdot (0.5) + 3 \cdot (0.3) + 3 \cdot (0.2)$	3.0
A_3	$4 \cdot (0.5) + 4 \cdot (0.3) + 2 \cdot (0.2)$ $1 \cdot 1/2 \cdot (0.5) + 1 \cdot (0.2)$ $+ 2 \cdot 1/2 \cdot (0.5) + 2 \cdot (0.3)$	3.6
A_4		1.55

Tabelle 27. Lineares Zuordnungsverfahren, Beispiel

Alternative	Anzahl Nennungen in Rangstufe				
	1	2	3	4	Total
A_1	2	1		1	4
A_2			3		3
A_3		1		2	3
A_4	2	2			4
Gewichte, kumulativ					
A_1	0.55	0.25		0.20	1.0
A_2			1.00		1.0
A_3		0.20		0.80	1.0
A_4	0.45	0.55			1.0

Berechnungsweise:
Alternative 1, Rangstufe 1: 1/2 (0.5) + (0.3) = 0.55
            Rangstufe 2: (0.25)   = 0.25
            Rangstufe 4: (0.20)   = 0.20

Alternative 4, Rangstufe 1: 1/2 (0.5) + (0.3) = 0.45
            Rangstufe 2: 1/2 (0.5) + (0.3) = 0.55

Auf der Basis von Tabelle 27 ergibt sich als optimale Rangfolge

$$A^* = \left\{ A_1 , A_4 , A_2 , A_3 \right\}$$

Falls A_1 - etwa aus politischen Gründen - nicht realisiert werden kann, ist A_4 zu selektionieren. Bemerkenswert ist zudem, daß A_4 ausschließlich in den Rangstufen 1 und 2 vertreten ist; deshalb wird nach den anderen Zuordnungsverfahren A_4 auch gegenüber A_1 bevorzugt.

323.4   Eliminationsverfahren

Unter der Bezeichnung *Eliminationsverfahren* (elimination by aspects) verbirgt sich eine primitive *Praktikermethode*. Der Ansatz dient zur sukzessiven Reduktion der Anzahl zunächst zielorientiert selektierter Alternativen, wobei der Ablauf dieses Eliminationsprozesses *nach freier Wahl* von der Nichterfüllung qualitativ und/oder quantitativ erfaßbarer Attributsausprägungen oder aber von der Nichterfüllung anderer Kriterien durch einzelne Alternativen abhängig gemacht werden kann [*174*, p. 77-83]. Die Reihenfolge der Attribut-/Kriterienselektion ist nicht im voraus festgelegt; sie kann vom Entscheidungsträger sukzessive frei bestimmt werden. Der Alternativen-Selektionsprozeß kann damit - zufallsgesteuert - einen recht unterschiedlichen Verlauf nehmen. Wissenschaftlich ist die "elimination by aspects" denn auch nur aus wahrscheinlichkeitstheoretischer Sicht interessant. Praktikern wird empfohlen, andere - rational fundierte - Verfahren zu verwenden. Hierzu bietet sich vor allem auch die AHP-Technik (Analytic Hierarchy Process) an; sie wird im folgenden Kapitel ausführlich besprochen.

Literaturstudium

Aus der amerikanischen Literatur ist insbesondere auf die Arbeiten von Canada/-Edwards [*55*] und Canada/Sullivan [*56*] zu verweisen; die additiven Gewichtungsverfahren werden ausführlich von Edwards/Newman [*101*] behandelt. Einen Gesamtüberblick über die multiattributiven Verfahren vermittelt die - insbesondere auch auf die Basisliteratur verweisende - Publikation von Hwang/Yoon [*174*].

Aus der deutschen Literatur sind die Arbeiten von Schneeweiß [*340*] und Zimmermann/Gutsche [*451*] besonders hervorzuheben; sie orientieren auch über eine Reihe weiterer - hier nicht berücksichtigter - Spezialverfahren.

4 AHP-Verfahren

Zu den bedeutsamsten Weiterentwicklungen multikriterieller Entscheidungsverfahren gehört die *AHP-Methodologie* (Analytic Hierarchy Process). Es handelt sich hierbei um eine *besonders leistungsfähige - auch praxisrelevante - Ausprägung der hierarchisch additiven Gewichtungsverfahren* (hierarchical additive weighting methods, HWA). Diese Verfahren sind dadurch gekennzeichnet, daß die bei der System-/Projektevaluation mitberücksichtigten *Attribute mehrstufig angeordnet* werden können. Die Attributsgewichtung verläuft diesfalls über *mehrere Ebenen* und kann einen relativ hohen Komplexitätsgrad erreichen.

Im folgenden wird zunächst das *AHP-Basisverfahren* dargestellt; anschließend werden spezielle Aspekte der AHP-Methodologie behandet und - in Kapitel 6 - computergestützt bearbeitete Praxisbeispiele diskutiert.

41 Phasenkonzept

Das *AHP-Basisverfahren* läuft in *mehreren Phasen* ab, die teilweise weitgehend mit denjenigen der einfach additiven Gewichtungsverfahren übereinstimmen; vgl. Abbildung 9.

42 Projektierungsphase

Die *Projektierungsphase* umfaßt jedenfalls *zwei Stufen*: Aufgabenumschreibung und Personal-/Sachmittelzuordnung. Hinzu kommen bei größeren Projekten Regelungen zur Abwicklung von Gruppenentscheidungen.

421 Aufgabenumschreibung

Durch die *AHP-Aufgabenstellung* werden die Grundstuktur des zu verwendenden Modells, die Art der Datenbeschaffung und -Aufbereitung sowie der Umfang der bereitzustellenden Personal-/Sachmittel prädeterminiert.

Abbildung 9. Hierarchisch additive Gewichtungsverfahren, Phasenschema

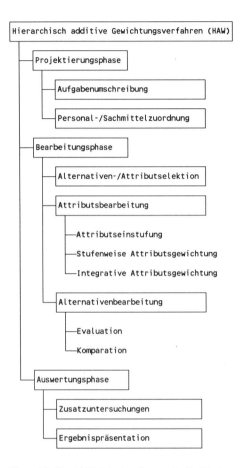

Obwohl die AHP-Methode auch für kleinere Untersuchungen geeignet ist, drängt sich ihr *Einsatz vor allem bei Großprojekten* - auch solchen von nationaler und/oder internationaler Dimension - auf. Bei derartigen Projekten ist die Aufgabenstellung möglichst differenziert in Pflichtenheften festzuhalten.

Die *Modellstruktur* wird wesentlich von der Zahl der zur Bearbeitung vorgesehenen Alternativen und der zu ihrer Beurteilung erforderlichen Kenngrößen bestimmt.

Die *Alternativenzahl* ist eng zu begrenzen. Im Extremfall kann sich eine AHP-Analyse auf ein einziges Untersuchungsobjekt beziehen, das aus der Sicht mehrerer - sozial, politisch oder wirtschaftlich unterschiedlich positionierter - Interessengruppen (stakeholders) zu bearbeiten ist.

Auch die zur Untersuchung vorgesehenen *Attribute* und deren - durch Kenngrößen zu erfassenden - potentiellen Ausprägungen sind zahlenmäßig überschaubar zu halten. Dabei kann sich eventuell eine *Aufsplittung der Gesamtuntersuchung* in spezielle Kosten-/Nutzenanalysen als hilfreich erweisen.

Bei den in der Literatur diskutierten AHP-Beispielen wird die Aufgabenstellung zumeist stark komprimiert wiedergegeben; diese Praxis wird auch im folgenden beibehalten, soll aber die große Bedeutung einer möglichst umfassenden und gut dokumentierten *Aufgabenumschreibung* keinesfalls herabmindern.

422   Personal- und Sachmittelzuordnung

Generell hängt der Personal- und Sachmittelbedarf vom Umfang der vorgesehenen AHP-Analyse ab.

Bezüglich der *Personalmittel* trifft zwar zu, daß AHP-Analysen von *Einzelpersonen* durchgeführt werden können; für größere Studien ist aber die Bildung spezieller *AHP-Teams* fast unabdingbar, wobei auch ein - vorgängig vorzugsweise mit dem Auftraggeber abzusprechender - Beizug außenstehender Experten denkbar ist.

Die erforderlichen *Sachmittel* sind aufgabenspezifisch bereitzustellen. Dies betrifft insbesondere auch die *AHP-Software*, die entweder allgemein verwendbar oder speziell auf Technologie-Projekte ausgerichtet sein kann; vgl. hierzu Kapitel 5.

Im übrigen wird empfohlen, für größere AHP-gestützte Untersuchungen eine möglichst detaillierte *Zeitplanung* vorzunehmen, wobei - im Sinne von Abbildung 9 - Bearbeitungs- und Auswertungsphase gleichermaßen zu berücksichtigen sind.

423   Gruppenentscheidungen

Bei größeren Projekten sind *Gruppenentscheidungen* einzuplanen [97]. Ihre Abwicklung ist im voraus zu regeln.

Zunächst besteht die Möglichkeit, die bestellten Experten in einer *einzigen Gruppe* zusammenzufassen und in dieser Gruppe alle AHP-spezifischen Aktivitäten - insbesondere auch die Bestimmung der Attributsvergleichswerte - ablaufen zu lassen. Unter solchen Verhältnissen sind Konsensbildung, Mehrheitsbeschlüsse oder Kompromißlösungen für alle wesentlichen Probleme am ehesten erreichbar.

Falls - bei Großuntersuchungen - *mehrere Expertengruppen* bestellt werden, sind die von ihnen erarbeiteten Resultate kombiniert in den weiteren Auswertungsprozeß einzubeziehen. Bei der Weiterverarbeitung von Attributsvergleichswerten drängt sich die Berechnung einfacher oder gewogener Mittelwerte auf, wobei letterenfalls auch die personelle/fachliche Zusammensetzung der Expertengruppen mitberücksichtigt werden kann.

Bei starken Abweichungen zwischen einzelnen Gruppenpositionen sind *separate Modellauswertungen* vorzusehen. Dies insbesondere dann, wenn nicht nur echt gegebene, sondern auch hypothetisch unterstellte (Extrem-)Positionen in ihrer Wirkung untersucht und - etwa im Rahmen von *Sensitivitätsanalysen* - weiter ausgewertet werden sollen.

43   Bearbeitungsphase

Die Bearbeitung von AHP-Projekten läuft in drei Stufen ab, die ihrerseits wiederum weiter unterteilt werden können.

431   Alternativen-/Attributselektion

Zunächst sind die im Rahmen der Aufgabenumschreibung tentativ zur Analyse vorgesehenen *Alternativen und Attribute definitv zu selektionieren*.

Bezüglich der Untersuchungsbreite gilt der Grundsatz, daß nur wesentlich voneinander abweichende und potentiell entscheidungsrelevante *Alternativen* in die Untersuchung einzubeziehen sind; dabei ist nach Möglichkeit auch auf eine angemessene zahlenmäßige Begrenzung hinzuarbeiten.

Bezüglich der mitzuberücksichtigenden *Attribute* drängt sich eine Beschränkung auf klar erfaßbare und für die Alternativenbeurteilung relevante Merkmalsausprägungen auf. Diesbezügliche Entscheidungen sollten generell in engster Zusammenarbeit mit den zur Attributevaluation vorgesehenen Experten erfolgen.

Im Anschluß an anderweitig - etwa in Verbindung mit der Delphi-Methode - gemachte Erfahrungen erweist es sich als sinnvoll, die Zahl der letztlich zu bearbeitenden Attribute in der Regel auf etwa 25 zu beschränken; Ausnahmen sind - bei sehr komplexen Aufgabenstellungen - möglich, erfordern aber bei der Attributsbearbeitung hierarchisch tiefgegliederte Strukturen.

Soweit sich im Rahmen dieses Finalisierungsprozesses gegenüber der ursprünglichen Aufgabenumschreibung wesentliche Veränderungen ergeben, sind sie dem Auftraggeber - eventuell in einem *formellen Vorbericht* - bekanntzumachen und letztlich auch in die endgültige, vorzugsweise schriftlich abzufassende, Auftragsformulierung zu integrieren.

432   Attributsbearbeitung

Im Zentrum der AHP-Methodologie steht die *Attributsbearbeitung*. Sie erfolgt in drei Stufen, die teilweise wesentlich von denjenigen einstufig additiver Gewichtungsverfahren abweichen.

Obwohl sich die AHP-Methode auch zur Bearbeitung einstufig additiver Probleme eignet, wird im folgenden auf diesen *Sonderfall* nicht speziell eingetreten; Hinweise finden sich an geeigneter Stelle.

432.1   Attributseinstufung

Üblicherweise erfolgt die *Attributseinstufung* nach dem *Top-down -Verfahren*. Ausgehend von den auf oberster Hierarchieebene (0) vermerkten Zielvorgaben werden die zur Alternativenbeurteilung als wesentlich erachteten Attribute *stufenweise* nach *Merkmalsgruppen* mit sukzessive höherer *Feingliederung* eingeordnet. Dabei entsteht eine Baumstruktur in der aus Abbildung 10 ersichtlichen Form.

Zu beachten ist, daß die *Attributshierarchie* durch die generelle Aufgabenformulierung nicht endgültig festgelegt ist, sondern - jedenfalls in einem gewissen Umfang - durch die AHP-Sachbearbeiter noch verfeinert oder umgestaltet werden kann.

Es wird empfohlen, die jeder Gruppe zugeordneten Merkmale zahlenmäßig - auf etwa sieben - zu beschränken, dafür aber tiefer gegliederte Hierarchien zu realisieren.

Abbildung 10. Attributseinstufung, Top-down-Verfahren

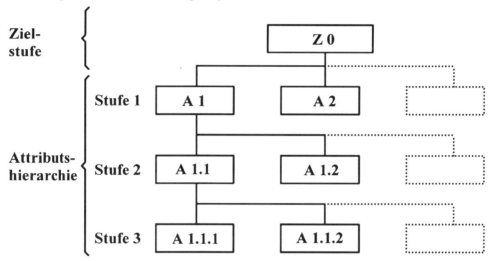

Unterschiedliche Baumstrukturen ergeben sich dann, wenn anstelle des üblichen Top-down- ein *Bottom-up-Ansatz* verwendet wird. Diesfalls wird von den in den Beur-teilungsprozeß einzubeziehenden Alternativen ausgegangen und über mehrere Hierarchiestufen zum fokusierten Primärziel vorgedrungen. Vgl. Abbildung 11.

Es wird empfohlen, den für das Bottom-up-Verfahren charakteristischen *Einbezug der Alternativen in die AHP-Baumstruktur* generell - im Rahmen einer *ausgeweiteten Top-down-Analyse* - zu verwenden und zudem durch die Angabe genau spezifizierter *Subziele* zu ergänzen. Vgl. Abbildung 12.

Die AHP-Analysen können durch explizite Mitberücksichtigung unterschiedlicher *Erwartungshaltungen* und/oder *Interessengruppen* weiter ausgebaut werden; ent-sprechende Einschübe erscheinen diesfalls innerhalb der Zielhierarchie.

Abbildung 11. Attributseinstufung, Bottom-up-Verfahren

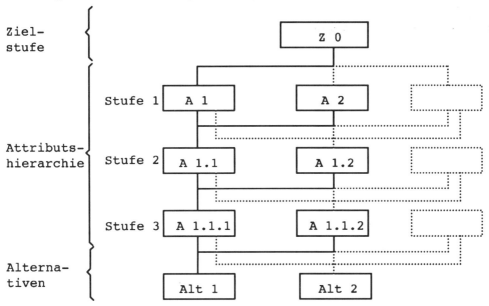

Erwähnt sei, daß Attributsbeziehungen graphisch auch in der Form von *Netzwerken* dargestellt werden können; diese eignen sich besonders zur Visualisierung komplexer Strukturen, bei denen Feedback-Beziehungen auftreten [*308*, p. A-31-49].

Durch die erarbeitete Ziel-, Attributs- und Alternativenstruktur wird der weitere Ablauf der AHP-Analyse maßgeblich mitbestimmt. Deshalb wird zur Schaffung guter Grundlagen die Beachtung folgender *Leitsätze* empfohlen [*308*, p. A-34]:
- Einübung der Vorgehensweise anhand einfacher, aus der Basisliteratur bekannter und ausführlich beschriebener Fallstudien.
- Umsichtige Vorbereitung des AHP-Einsatzes in der Praxis durch
  -- Klare Definition des Globalziels und Festlegung operationaler Subziele.
  -- Abklärung von Möglichkeiten zur Aufsplittung der Gesamtanalyse in separat zu bearbeitende Teile.
  -- Sicherstellung einer gut gegliederten Attributstruktur und Überprüfung der logisch-relationalen Verankerung über alle Hierarchiestufen.
  -- Sicherstellung der qualitativen/quantitativen Vergleichbarkeit hierarchisch gleich-geordneter Attribute in Bezug auf das gemeinsame Ankerattribut.

-- Testweise Formulierung von Fragen zum paarweisen Attributsvergleich.

-- Beschränkung der Analyse auf wenige, gut abgrenzbare und wesentlich voneinander abweichende Alternativen.

Abbildung 12. Attributseinstufung, Beispiel

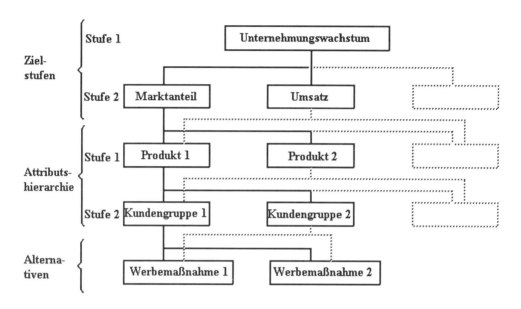

432.2   Stufenweise Attributsgewichtung

Die *Attributsgewichtung* gehört zum Kernbereich des AHP-Ansatzes. Sie basiert auf
dem *paarweisen Vergleich* (pairwise comparison) gleichgeordneter und hierarchisch
identisch verankerter Attribute.

Als *Anker* kann ein Attribut der nächsthöheren Hierarchiestufe oder ein Element der
Zielhierarchie dienen; vgl. Abbildung 13.

Abbildung 13. Attributsverankerung

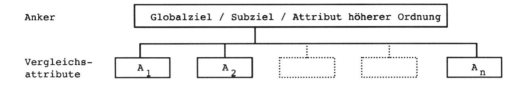

432.21   Paarweiser Attributsvergleich

Grundsätzlich können die - in Abbildung 13 hierarchisch geordneten - Attribute gleichzeitig gemeinsam oder sukzessive in kleineren Gruppen in ihrer Beziehung zu einem übergeordneten Kriterium evaluiert werden. Die folgenden Ausführungen beschränken sich auf *paarweise Vergleiche* (pairwise comparisons).

Falls die Gewichtung der einzelnen Attribute A_i mit w_i, $i = 1(1)n$, angegeben wird, lassen sich die paarweisen Vergleiche wie folgt darstellen:

$$
\begin{array}{c c c c c}
 & A_1 & A_2 & \dots & A_n \\
A_1 & w_1/w_1 & w_1/w_2 & \dots & w_1/w_n \\
A_2 & w_2/w_1 & w_2/w_2 & \dots & w_2/w_n \\
\cdot & \cdot & \cdot & & \cdot \\
\cdot & \cdot & \cdot & & \cdot \\
\cdot & \cdot & \cdot & & \cdot \\
A_n & w_n/w_1 & w_n/w_2 & \dots & w_n/w_n
\end{array}
$$

Üblicherweise werden diese *Vergleichsergebnisse* (judgements) abgekürzt durch

$$a_{ij} = w_i/w_j , \quad i,j = 1(1)n$$

gekennzeichnet, wobei i die Zeilen- und j die Spaltennummer angeben. Daraus ergibt sich die *Evaluationsergebnis-Matrix*

$$A = \begin{bmatrix} a_{11} & a_{12} & \cdots & a_{1n} \\ a_{21} & a_{22} & \cdots & a_{2n} \\ \cdot & \cdot & & \cdot \\ \cdot & \cdot & & \cdot \\ \cdot & \cdot & & \cdot \\ a_{n1} & a_{n2} & \cdots & a_{nn} \end{bmatrix}$$

Bezüglich der Struktur dieser quadratischen Matrix $A = (a_{ij})$ sind folgende *Eigenschaften* zu beachten:

$a_{ii} = 1$, $a_{ij} > 0$ und $a_{ji} = a_{ij}^{-1}$ für alle i, j.

Zudem deutet $a_{ij} < 1$ darauf hin, daß A_i im Vergleich zu A_j als weniger bedeutsam eingestuft wird; andererseits wird A_j gegenüber A_i um den Faktor $a_{ji} = w_j/w_i$ höher eingeschätzt.

Vergleiche der vorerwähnten Art werden üblicherweise anhand sogenannter *Dominanzdaten* (dominance data) - Nutzen, Kosten usw. - vorgenommen. Bei Matrizendarstellung sind Dominanzdaten tendenziell unsymmetrisch; in sogenannten *reziproken Matrizen* (reciprocal matrices) gilt $a_{ij} = 1/a_{ji}$.

Im Gegensatz dazu gilt für die *Proximitätsdaten* (proximity data) tendenziell $a_{ij} = -a_{ji}$. Proximitätsdaten orientieren über Gleichartigkeit (similarity), Ungleichartigkeit (dissimilarity) oder Kovarianz (covariance); sie werden im folgenden nur subsidär berücksichtigt [186, p. 10-11].

Aus der Matrix A und der ihr zugrundeliegenden Beziehungen $a_{ij} = w_i/w_j$ ergeben sich auch noch die Relationen

$$\frac{a_{ij} \, w_j}{w_i} = 1 \, , \quad i,j = 1(1)n$$

und

$$\sum_j a_{ij}\, w_j/w_i = n \ , \ i = 1(1)n$$

Weiterhin gilt

$$\sum_j a_{ij}\, w_j = n\, w_i \ , \ i = 1(1)n$$

oder - in äquivalenter Matrizenschreibweise -

Aw = n**w**

Aufgrund der vorstehenden Formel ergibt sich, daß **w** ein *Eigenvektor* von A mit *Eigenwert* n ist. Dies läßt sich anhand der folgenden Schreibweise besonders gut erkennen.

$$
\begin{bmatrix}
\dfrac{w_1}{w_1} & \dfrac{w_1}{w_2} & \cdots & \dfrac{w_1}{w_n} \\[2mm]
\dfrac{w_2}{w_1} & \dfrac{w_2}{w_2} & \cdots & \dfrac{w_2}{w_n} \\[2mm]
\cdot & \cdot & & \cdot \\
\cdot & \cdot & & \cdot \\
\cdot & \cdot & & \cdot \\
\dfrac{w_n}{w_1} & \dfrac{w_n}{w_2} & \cdots & \dfrac{w_n}{w_n}
\end{bmatrix}
\begin{bmatrix}
w_1 \\ w_2 \\ \cdot \\ \cdot \\ \cdot \\ w_n
\end{bmatrix}
= n
\begin{bmatrix}
w_1 \\ w_2 \\ \cdot \\ \cdot \\ \cdot \\ w_n
\end{bmatrix}
$$

Für die *Diagonalelemente* gilt, wie bereits erwähnt,

$$\frac{w_i}{w_i} = a_{ii} = 1$$

Unter der Annahme, daß alle Wichtungsrelationen w_i/w_j konsistent festgelegt sind, trifft auch

$$\frac{w_i}{w_j} \cdot \frac{w_j}{w_k} = \frac{w_i}{w_k}$$

oder

$$a_{ij}a_{jk} = a_{ik}$$

zu.

Die *Konsistenz* wird im folgenden als gegeben unterstellt; auf mögliche Perturbationen wird in anderem Zusammenhang - in Verbindung mit der Eigenvektor-Berechnung in Abschnitt 432.23 - eingetreten.

Besonders zu vermerken ist auch, daß die Matrix **A** den Rang 1 hat. Generell ist eine *Matrix vom Rang 1*, wenn sämtliche Zeilen (und ebenso die Spalten) einer einzigen Zeile (bzw. Spalte) proportional sind [456, S. 135]. Im vorliegenden Fall sind die einzelnen Spalten von **A** proportional zum Vektor $\mathbf{c} = (w_1 , w_2 , \dots , w_n)'$ und die Zeilen sind proportional zum Vektor

$$r = (w_1^{-1} , w_2^{-1} , \dots , w_n^{-1})$$

Die spezielle Matrixstruktur bestimmt auch die *Zahl der effektiv vorzunehmenden Attributsvergleiche*. Bei Zweiergruppen sind - ausgehend von der allgemeinen Formel zur Berechnung der Anzahl Kombinationen aus n Elementen zur r-ten Klasse

$$C_r(n) = \binom{n}{r} = \frac{n!}{r!(n-r)!}$$

- mit r = 2 insgesamt

$$C_2(n) = \binom{n}{2} = \frac{n!}{2(n-2)!} = n(n-1)/2$$

paarweise Vergleiche erforderlich. Dabei ist zu beachten, daß die Zahl der Vergleiche mit wachsendem n rasch ansteigt. Beispielsweise erhöht sich die Vergleichsanzahl von

$$\binom{5}{2} = 10 \text{ über } \binom{7}{2} = 21 \text{ und } \binom{9}{2} = 36 \text{ auf } \binom{11}{2} = 55$$

Deshalb erweist es sich als sinnvoll, die Zahl der in einer Evaluationsmatrix zu vergleichenden Attribute relativ niedrig zu halten; empfohlen wird eine Beschränkung auf maximal sieben.

Zur Reduktion der Vergleichsanzahl wird von T. L. Saaty und L. G. Vargas [330, p. 276-277] sogar ein vereinfachtes - auf der Netzwerktechnik (spanning trees) basierendes - Verfahren vorgeschlagen, das zu einem Kompromiß zwischen Robustheit/- Geschwindigkeit des AHP-Ansatzes zwingt, praktisch aber von eher geringer Bedeutung sein dürfte.

432.22   Skalenwahl

Paarweise Vergleiche sollten generell anhand zuvor vereinbarter *Vergleichsskalen* erfolgen.

Im Anschluß an T. L. Saaty - entsprechende Hinweise finden sich in zahlreichen Publikationen [vgl. etwa *308*, p. 55-57] - wird empfohlen, die aus Tabelle 28 ersichtliche Skala zu verwenden. Konzis läßt sich diese Skala in der Form $S(k) = k$, $k = 1(1)9$ darstellen; sie wird deshalb auch als *(1-9)-Skala* bezeichnet.

Die Skala ist auf *Werte zwischen 1 und 9* begrenzt; damit wird auf das beschränkte menschliche Differenzierungsvermögen [246] angemessen Rücksicht genommen.

Nach der AHP-Methode sind die *Attributsvergleiche* systematisch so vorzunehmen, daß - bezogen auf die Vergleichs-/Evaluationsmatrix **A** - die Attribute der Zeile j = (i)(1)n, zu vergleichen und die festgelegten Relationen w_i/w_j in den entsprechenden Feldern einzutragen sind.

Tabelle 28. AHP-Gewichtung, (1-9)-Skala

Werte	Umschreibung: Gewicht des Basis-(Zeilen-) Elements in Relation zum Vergleichs-(Spalten-) Element
1	gleich
3 (1/3)	etwas größer (kleiner)
5 (1/5)	wesentlich größer (kleiner)
7 (1/7)	viel größer (kleiner)
9 (1/9)	sehr viel größer (kleiner)
Verwendbar sind auch die Zwischenwerte 2, 4, 6, 8 (resp. 1/2, 1/4, 1/6, 1/8)	

Ausgehend von den in der Zeile i ausgewiesenen Werten $a_{ij} = w_i/w_j$ sind anschließend für die Spalte j = i die reziproken Werte $1/a_{ij}$ zu berechnen und - in der Reihenfolge i = (j+1)(1)n - den noch unbesetzten Feldern der Spalte j zuzuweisen. In Tabelle 29 werden die so - indirekt - berechneten Werte in Klammern angeführt.

Dieses Prozedere ist so lange zu wiederholen, bis alle Felder der Matrix **A** belegt sind. Vgl. Tabelle 29.

Tabelle 29: Evaluationsmatrix, Beispiel

j \ i	1	2	3
1	1	6	3
2	(1/6)	1	1/3
3	(1/3)	(3)	1

Vermerkt sei, daß grundsätzlich auch die Möglichkeit besteht, die direkten Attributsvergleiche spaltenweise vorzunehmen; diese Vorgehensweise ist allerdings weniger üblich.

Die in Tabelle 29 benutzten Vergleichswerte w_i/w_j sind zur Exemplifikation frei gewählt. Sie können wie folgt interpretiert werden:

Zeile 1. Attribut A_1 wird als sechsmal wichtiger eingeschätzt als Attribut A_2; A_1 ist auch dreimal gewichtiger als A_3.

Zeile 2. Direkt zu beurteilen ist nur die Relation zwischen A_2 und A_3. A_2 ist wesentlich weniger gewichtig (1/3) als A_3. Die Relation von A_2 zu A_1 wird mit 1/6 augewiesen; es handelt sich um das reziproke Verhältnis der - in Zeile 1 angeführten - Relation von A_1 zu A_2.

Zeile 3. Direkt anzuführen ist nur noch $w_3/w_3 = 1$.

Nachdrücklich hervorzuheben ist, daß Vergleiche der vorerwähnten Art durchwegs *Dominanzdaten* betreffen; die ausgewiesenen Werte zeigen das *Verhältnis von Wichtungen*. Zur Weiterbearbeitung der Evaluationsmatrix bietet sich - vgl. Tabelle 2, Ratioskala - insbesondere auch die Berechnung von geometrischen Mittelwerten an.

Die in Tabelle 28 angeführte *(1-9)-Skala* wird in der *AHP-Praxis* in weitgehendem Maße benutzt; insbesondere sind auch die meisten Softwarepakete auf diese Skala eingestellt.

Trotzdem werden in der Literatur auch *andere Skalen* - unter Einhaltung der Grenzen 1 und 9 - diskutiert. Vgl. etwa die in Tabelle 30 angeführten Varianten [234], die sich aber nur bei verbalen Attributsvergleichen sinnvoll verwenden lassen. Abbildung 14 zeigt den unterschiedlichen Verlauf der Skalenwerte im Vergleich zum (1-9)-Ansatz; bemerkenswert ist der über die ersten Klassen extrem flache Verlauf der (9/9 - 9/1)-Skala, der dem konkreten Gehalt sprachlicher Attributsvergleiche kaum zu entsprechen vermag.

Tabelle 30. AHP-Gewichtung, Alternativskalen

Klasse k	Umschreibung	Skalenbezeichnung	
		(10/10 - 18/2)	(9/9 - 9/1)
1	gleich	10/10	9/9
3	etwas größer	12/8	9/7
5	wesentlich größer	14/6	9/5
7	viel größer	16/4	9/3
9	sehr viel größer	18/2	9/1
Strukturformel S(k)		(9+k)/(11-k)	9/(10-k)

Abbildung 14. AHP-Skalen, Verlaufscharakteristik

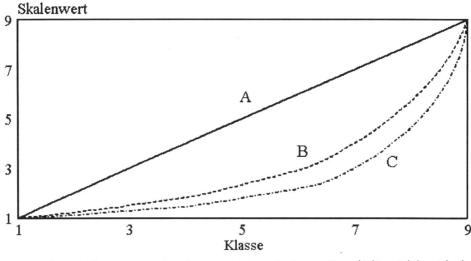

$A = (1\text{-}9) \text{ - Skala} \qquad B = (10/10 \text{ - } 18/2) \text{ - Skala} \qquad C = (9/9 \text{ - } 9/1) \text{ - Skala}$

In der Literatur wird - etwa von P. T. Harker und L. G. Vargas [*161*, p. 1388-1391] - nachdrücklich darauf hingewiesen, daß die Verwendung der AHP-Methode keineswegs Skalengrenzwerte von 1 und 9 erfordert; grundsätzlich können *beliebige Skalen* im Intervall (1, ∞) benutzt werden. Tabelle 31 zeigt einige Alternativen, die bei praktischen Untersuchungen allerdings zu nahezu identischen Ergebnissen führen.

Tabelle 31. AHP-Gewichtung, Alternativskalen

Klasse k	Umschreibung	Skalenbezeichnung				
		(1-9)	(1-5)	(1-15)	k^2	$k^{1/2}$
1	gleich	1	1	1	1	1
3	etwas größer	3	2	5	9	$3^{1/2}$
5	wesentlich größer	5	3	8	25	$5^{1/2}$
7	viel größer	7	4	11	49	$7^{1/2}$
9	sehr viel größer	9	5	15	81	3

Dies überrascht insofern nicht, als die dem Attributsvergleich zugrundeliegenden Basisdaten durch die Skalenwahl nicht verändert werden; zudem besteht bei manchen Experten eine notorische Abneigung gegenüber der *Verwendung von Zwischenwerten*, so daß die Möglichkeit zu einer nuancierten Attributsbewertung - vielleicht mit

Ausnahme der bei Gruppenschätzungen errechneten Mittelwerte - kaum ausgeschöpft wird [*186*, p. 20].

432.23   Eigenvektor-Berechnung

Die für die AHP-Methode grundlegenden *paarweisen Attributsvergleiche* führen im *Idealfall* - bei *Konsistenz* der Matrix A - zur Relation

Aw = n**w**

Inkonsistente Attributsbewertungen lassen sich auch bei sorgfältiger Problembearbeitung nicht immer vermeiden. Aus diesem Grunde ist es besonders wichtig, daß die AHP-Methode geringe *Perturbationen* der Koeffizienten a_{ij} zuläßt und zudem noch eine Konsistenzprüfung ermöglicht.

Grundlegend für die AHP-Ansatz ist die Relation

Aw = λ_j **w**

Sie stellt eine Kurzfassung des homogenen Gleichungssystems

$$a_{11}w_1 + a_{12}w_2 + \ldots + a_{1n}w_n = \lambda_j w_1$$
$$a_{12}w_2 + a_{22}w_2 + \ldots + a_{2n}w_n = \lambda_j w_2$$
$$\vdots \qquad\qquad\qquad \vdots \qquad \vdots$$
$$a_{n1}w_n + a_{n2}w_2 + \ldots + a_{nn}w_n = \lambda_j w_n$$

dar.

Falls die rechten Seiten $\lambda_j w_i$, i = 1(1)n, nach links gebracht und mit den Diagonalgliedern $a_{ii}w_i$ zu $(a_{ii} - \lambda_j)w_i$ vereinigt werden, erhält man

$$(\mathbf{A} - \lambda_j \mathbf{I})\mathbf{w} = \mathbf{0}$$

Dabei bezeichnet **I** eine Einheitsmatrix.

Ein homogenes Gleichungssystem der vorerwähnten Art weist dann nichttriviale Lösungen **w** ≠ **0** auf, wenn für die *Koeffizientendeterminante*

$$\det (\mathbf{A} - \lambda_j \mathbf{I}) = 0$$

zutrifft. Diese Determinante ist ein n-gegliedertes Polynom vom Typ

$$\lambda^n - a_1\lambda^{n-1} + \ldots + (-1)^n \det (A)$$

mit

$$a_1 = \sum_i a_{ii} = \mathit{tr(A)} \, , \, i = 1(1)n$$

Man bezeichnet es auch als charakteristisches Polynom (charateristic polynomial) von **A** [*308*, p. 258-259].

Die Gleichung

$$|\mathbf{A} - \lambda_j \mathbf{I}| = 0$$

stellt die sogenannte *charakteristische Gleichung* (characteristic equation) der Matrix **A** dar. Ihre n Wurzeln λ_j werden üblicherweise *Eigenwerte* (eigenvalues) genannt.

Im Falle mehrfacher Wurzeln können mehrere linear unabhängige Eigenvektoren als Lösungen von

$$(\mathbf{A} - \lambda_j \mathbf{I}) \, \mathbf{w} = \mathbf{0}$$

existieren; ihre Anzahl ist gleich dem Rangabfall $(n - r_j)$ der zugehörigen charakteristischen Matrix $(\mathbf{A} - \lambda_j)$, wobei n die Zahl der Spaltenvektoren und r_j den Rang der Matrix bezeichnen [*456*, S. 129-131, 135, 166].

Nach der vorstehenden Darstellungsweise stellt **w** den *rechten Eigenvektor* (right eigenvector) der Matrix **A** dar. Zusätzlich existiert auch ein *linker Eigenvektor* (left eigenvector) **v** von **A** , für den

$$\mathbf{v}\mathbf{A} = \lambda_j \, \mathbf{v}$$

zutrifft.

Für Eigenvektoren gilt generell, daß sie bei Multiplikation mit der zugehörigen Matrix zum gleichen Ergebnis führen, wie bei Multiplikation mit den Eigenwerten λ_j.

Im Rahmen des AHP-Ansatzes ist der *maximale Eigenwert* der Matrix **A**, zusammen mit dem zugehörigen Eigenvektor **w** , von besonderem Interesse. Der maximale Eigenwert (maximum eigenvalue) wird mit λ_{max} bezeichnet. Für ihn gilt ebenfalls

$$\mathbf{A}\mathbf{w} = \lambda_{max} \, \mathbf{w}$$

und

$$(\mathbf{A} - \lambda_{max} \, \mathbf{I}) \, \mathbf{w} = 0$$

Weiterhin ist zu beachten, daß die Matrix **A** beim AHP-Ansatz nur *strikt positive Werte* umfassen kann. Falls zudem nur *geringfügige Perturbationen* auftreten, kann der größte Eigenwert - dem Theorem von Perron entsprechend [29, p. 15] - n nur geringfügig übersteigen.

Die vorerwähnten Zusammenhänge sind für das Verständnis des AHP-Ansatzes von grundlegender Bedeutung. Sie sollen deshalb anhand eines einfaches Zahlenbeispiels, unter Zugrundelegung der Matrix

$$A = \begin{bmatrix} 1 & 3 \\ 1/3 & 1 \end{bmatrix},$$

dargestellt werden. Zu berechnen ist der rechte Eigenvektor der Matrix **A**, ausgehend von der charakteristischen (quadratischen) Gleichung

$$\left| \begin{bmatrix} 1 & 3 \\ 1/3 & 1 \end{bmatrix} - \lambda \begin{bmatrix} 1 & 0 \\ 0 & 1 \end{bmatrix} \right| = \left| \begin{matrix} (1 - \lambda) & 3 \\ 1/3 & (1 - \lambda) \end{matrix} \right|$$

oder

$$(1 - \lambda)(1 - \lambda) - (3 \cdot 1/3) = \lambda^2 - 2\lambda + 0$$

Die Wurzeln dieser Gleichungen (Eigenwerte) betragen alternativ $\lambda = 2$ und $\lambda = 0$.

Für die Eigenvektor-Komponenten gilt, ausgehend von **Aw** = λ**w** ,

$$\begin{bmatrix} 1 & 3 \\ 1/3 & 1 \end{bmatrix} \begin{bmatrix} w_1 \\ w_2 \end{bmatrix} = \lambda \begin{bmatrix} w_1 \\ w_2 \end{bmatrix}$$

Daraus ergibt sich

$$1 \, w_1 + 3 \, w_2 = \lambda \, w_1$$
$$1/3 \, w_1 + 1 \, w_2 = \lambda \, w_2$$

oder

$$(1 - \lambda) \, w_1 + 3 \, w_2 = 0$$
$$1/3 \, w_1 + (1 - \lambda) w_2 = 0$$

Aufgrund der ersten Gleichung erhält man

$$w_1 = -3 \, w_2/(1 - \lambda)$$

und, mit einem frei gewählten Wert von $w_2 = 1$,

$$w_1 = -3 \, /(1 - \lambda) = 3$$

$$W_2 = 1$$

oder

$$w = \begin{bmatrix} w_1 \\ w_2 \end{bmatrix} = \begin{bmatrix} 3 \\ 1 \end{bmatrix}$$

Dieser Eigenvektor läßt sich durch Division mit der Summe der Komponenten normalisieren, so daß

$$w = \begin{bmatrix} 3/4 \\ 1/4 \end{bmatrix}$$

Eine Kontrollrechnung ergibt

$$\begin{bmatrix} 1 & 3 \\ 1/3 & 1 \end{bmatrix} \begin{bmatrix} 3/4 \\ 1/4 \end{bmatrix} = 2 \begin{bmatrix} 3/4 \\ 1/4 \end{bmatrix} = \begin{bmatrix} 1\ 1/2 \\ 1/2 \end{bmatrix}$$

Analoge Berechnungen sind zur Bestimmung des linken Eigenvektors erforderlich. Bei *symmetrischen Matrizen* sind rechte und linke Eigenvektoren gleich; bei *unsymmetrischen Matrizen* sind die Komponentenwerte der rechten/linken Eigenvektoren jeweils gedreht.

Für das vorerwähnte Beispiel erhält man, mit

$$\begin{bmatrix} v_1 & v_2 \end{bmatrix} \begin{bmatrix} 1 & 3 \\ 1/3 & 1 \end{bmatrix} = \lambda \begin{bmatrix} v_1 \\ v_2 \end{bmatrix} ,$$

als wesentliches Resultat

$$v = \begin{bmatrix} v_1 \\ v_2 \end{bmatrix} = \begin{bmatrix} 1 \\ 3 \end{bmatrix}$$

resp.

$$v = \begin{bmatrix} 1/4 \\ 3/4 \end{bmatrix}$$

Der Eigenvektorberechnung kommt im Rahmen der AHP-Methode zentrale Bedeutung zu; die *normierten Eigenvektorwerte* werden als *Attributsgewichte* (weights) interpretiert. Sie werden in den folgenden Tabellen in den mit "Gewicht" überschriebenen Spalten ausgewiesen.

Nach dem AHP-Ansatz erfolgt die *Eigenvektorberechnung nach einem einfachen Standardverfahren*; es läuft vierstufig ab:

- Übernahme von n(n - 1)/2 direkt festgelegten Attributsvergleichswerten a_{ij} in die Auswertungstabelle.
- Ergänzung der Tabelle durch reziproke Vergleichswerte (1/a_{ij}).
- Spaltenweise Addition aller Vergleichswerte, mit anschließender Normierung.
- Zeilenweise Addition der so aufbereiteten Vergleichsergebnisse, mit anschließender Normierung.

  Die ausgewiesenen Spaltenwerte stellen den rechten Eigenvektor dar.

Die Rechnungsweise kann anhand des unten angeführten Beispiels nachvollzogen werden; vgl. Tabelle 32.

Tabelle 32. Eigenvektorberechnung, AHP-Methode

Attri-bute	Evaluations-ergebnisse, Direktvergleich		Ergänzte Evaluations-ergebnisse		Normierte Spaltenwerte		Zeilen-summe	Normierter Eigenvektor/ Gewicht
	A_1	A_2	A_1	A_2	A_1	A_2		
A_1	1	3	1	3	3/4	3/4	6/4	3/4
A_2	(.)	1	(1/3)	1	1/4	1/4	2/4	1/4
Spaltensumme			1 1/3	4	1	1	2	1

Diese Art der Eigenvektorberechnung läßt sich auch bei größeren Evaluationstabellen verwenden; vgl. Tabelle 33.

Tabelle 33. Eigenvektorberechnung, Beispiel

Attri-bute	Evaluations-ergebnisse, Direktvergleich			Ergänzte Evaluations-ergebnisse			Normierte Spalten-werte			Zeilen-summe	Normierter Eigenvektor/ Gewicht
	A_1	A_2	A_3	A_1	A_2	A_3	A_1	A_2	A_3		
A_1	1	6	3	1	6	3	0.67	0.60	0.69	1.96	0.65
A_2	(.)	1	1/3	(1/6)	1	1/3	0.11	0.10	0.08	0.29	0.10
A_3	(.)	(.)	1	(1/3)	(3)	1	0.22	0.30	0.23	0.75	0.25
Spaltensumme				1 1/2	10	4 1/3	1.00	1.00	1.00	3.00	1.00

432.24   Konsistenzprüfung

Vollständig konsistente Merkmalsgewichtungen sind nur in Ausnahmefällen - etwa bei (2,2)-Matrizen - erreichbar. Deshalb werden im Rahmen der AHP-Methode grundsätzlich alle Evaluationsmatrizen einer *Konsistenzprüfung* unterzogen.

Ausgehend vom *Konsistenzindex*

$$CI = (\lambda_{max} - n)/(n - 1)$$

wird die *Konsistenzratio*

$$CR = CI/R$$

berechnet.

Die *AHP-spezifische Berechnungsweise* von λ_{max} ist aus Tabelle 34 ersichtlich; ebenso die sich daran anschließende CI-Berechnung.

Die zur *CR-Berechnung* benötigten *R-Werte* (Random consistency numbers) sind in Tabelle 35 aufgeführt; sie basieren auf den Ergebnissen zufallsgesteuerter Testuntersuchungen [*308*, p. 21, 61; *86*].

Tabelle 34. Eigenvektorberechnung und Konsistenzprüfung

1. Erstellen einer Evaluationsmatrix mit n(n -1)/2 direkten Attributspaar-Vergleichen

$$A = \begin{bmatrix} a_{11} & \cdots & a_{1j} & \cdots & a_{1n} \\ & & & & \\ & & & & \\ a_{i1} & \cdots & a_{ij} & \cdots & a_{in} \\ & & & & \\ & & & & \\ a_{n1} & \cdots & a_{nj} & \cdots & a_{nn} \end{bmatrix}$$

2. Spaltensummenberechnung

$$(1\ 1\ \ldots\ 1)\ A = \sum_i a_{i1} \cdots \sum_i a_{ij} \cdots \sum_i a_{in}$$

3. Normalisierung der Evaluationsmatrix

$$B = \begin{bmatrix} a_{11}/\sum_i a_{i1} & \cdots & a_{1n}/\sum_i a_{in} \\ & & \\ & & \\ a_{n1}/\sum_i a_{i1} & \cdots & a_{nn}/\sum_i a_{in} \end{bmatrix}$$

4. Zeilensummenberechnung

$$B \begin{bmatrix} 1 \\ 1 \\ \cdot \\ \cdot \\ \cdot \\ 1 \end{bmatrix} = \begin{bmatrix} s_1 \\ s_2 \\ \cdot \\ \cdot \\ \cdot \\ s_n \end{bmatrix}$$

5. Eigenvektor-/Endgewichtsberechnung, n Attribute

$$\begin{bmatrix} s_1/n \\ s_2/n \\ \cdot \\ \cdot \\ \cdot \\ s_n/n \end{bmatrix} = \begin{bmatrix} w_1 \\ w_2 \\ \cdot \\ \cdot \\ \cdot \\ w_n \end{bmatrix}$$

6. Kennwertberechnung für Konsistenzprüfung

$$A \begin{bmatrix} w_1 \\ w_2 \\ \cdot \\ \cdot \\ \cdot \\ w_n \end{bmatrix} = \begin{bmatrix} u_1 \\ u_2 \\ \cdot \\ \cdot \\ \cdot \\ u_n \end{bmatrix} , \quad \lambda_{max} = (1\ 1\ \ldots\ 1) \begin{bmatrix} u_1/w_1 \\ u_2/w_2 \\ \cdot \\ \cdot \\ \cdot \\ u_n/w_n \end{bmatrix} (1/n)$$

7. Konsistenzindexberechnung

$$CI = (\lambda_{max} - n)/(n - 1)$$

Tabelle 35. R-Werte zur Konstistenzratio-Berechnung

n Anzahl Attribute	2	3	4	5	6	7	8	9	10
R nach Saaty	0.00	0.58	0.90	1.12	1.24	1.32	1.41	1.45	1.49
R nach Donegan/Dodd	0.00	0.49	0.80	1.06	1.18	1.25	1.32	1.37	1.41

Tabelle 36 zeigt die CI- und CR-Berechnung für zwei einfach nachvollziehbare Beispiele. Dabei wird die generelle Konsistenz von (2,2)-Matrizen bestätigt.

Tabelle 36. Konsistenzprüfung, Beispiele

```
1. (2,2)-Matrix, gemäß Tabelle 32


  ┌        ┐ ┌      ┐   ┌      ┐   ┌             ┐   ┌      ┐
  │ 1    3 │ │ 0.75 │ = │ 1.50 │ , │ 1.50 / 0.75 │ = │ 2.00 │
  │ 1/3  1 │ │ 0.25 │   │ 0.50 │   │ 0.50 / 0.25 │   │ 2.00 │
  └        ┘ └      ┘   └      ┘   └             ┘   └      ┘
                                        Summe          4.00


λ_max = 4.00/2 = 2.00
CI = (2.00 - 2) / (2 - 1) = 0
CR = 0


2. (3,3)-Matrix, gemäß Tabelle 33


  ┌            ┐ ┌      ┐   ┌      ┐   ┌             ┐   ┌      ┐
  │ 1   6   3  │ │ 0.65 │   │ 2.00 │   │ 2.00 / 0.65 │   │ 3.08 │
  │ 1/6 1  1/3 │ │ 0.10 │ = │ 0.29 │ , │ 0.29 / 0.10 │ = │ 2.90 │
  │ 1/3 3   1  │ │ 0.25 │   │ 0.77 │   │ 0.77 / 0.25 │   │ 3.08 │
  └            ┘ └      ┘   └      ┘   └             ┘   └      ┘
                                           Summe           9.06


λ_max = 9.06/3 = 3.02
CI = (3.02 - 3) / (3 - 1) = 0.01
CR = 0.01 / 0.58 = 0.02
```

Die CR-Berechnung erfolgt hier unter Zugrundelegung der R-Werte von T. L. Saaty [*308*, p. 21].

432.3   Integrative Attributsgewichtung

Die bisher beschriebene Art der *Attributsverarbeitung* ist *auf allen Hierarchiestufen* vorzunehmen. Falls den allgemeinen Richtlinien zur Attributsgliederung gefolgt wird, fallen in der ersten Stufe keine und in der zweiten Stufe maximal etwa sieben Parallelauswertungen an. Mit wachsender Tiefe der AHP-Baumstruktur steigt die Zahl der stufenbezogenen Attributsgewichtungen in der Regel rasch an.

432.31   Multiplikative Attributsgewichtung

Die *Verkoppelung der Stufengewichte* erfolgt hierarchisch *multiplikativ*. Der Rechen-
prozeß läuft - ausgehend vom obersten Element der Zielhierarchie - sukzessive über
alle Attributsebenen ab; er führt auf der jeweils erreichten Stufe über eine *individuelle*
Spur zu jedem der neu hinzugekommenen Attribute und gelangt erst bei Erreichung
der untersten Attributsstufe zum Abschluß. Dabei ist es nicht erforderlich, daß alle
Spuren auf der gleichen Hierarchiestufe enden.

432.32   Gewichtsaggregation

Falls sich die AHP-Analyse nur auf *ein Projekt* bezieht und es darum geht, die relative
Bedeutung der einzelnen Attribute zu erfassen, ergibt sich bei *Addition der multiplika-*
tiv verkoppelten Gewichte (composite weights) auf jeder - insbesondere auch der
letzten - Stufe ein Wert von 1.

Zumeist ist die AHP-Analyse auf *Alternativenvergleiche* ausgerichtet. Sie lassen sich
dadurch realisieren, daß auf der niedrigsten Hierarchieebene - nach Maßgabe grober
Relevanzvergleiche - Gewichtsaufspaltungen vorgenommen werden. Nunmehr beträgt
die Summe der allen Alternativen zugeordneten Gewichte 1; die aggregierten Alternati-
vengewichte dienen als Grundlage zur *Positionierung* (overall rating) der einzelnen
Alternativen.

432.4   Zusammenfassendes Beispiel

Die beschriebene AHP-Stufen lassen sich anhand des folgenden - stark vereinfachten
- Beispiels zur *Analyse eines CIM-Projekts* nachvollziehen.

Oberstes Untersuchungsziel ist die Erfassung und Gewichtung projektspezifischer
Erfolgsfaktoren. Diese sind in Abbildung 15 aufgeführt. Primär wird zwischen *Struktur-,*
Prozeß-, Kosten- und Risikofaktoren differenziert, die sich ihrerseits noch weiter
untergliedern lassen.

Abbildung 15. CIM-Bewertungskriterien, Beispiel

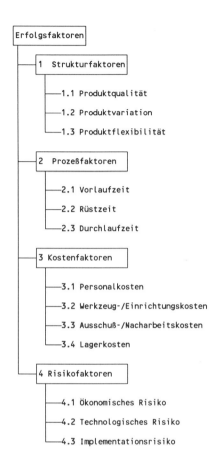

Die *stufenweise Attributsbearbeitung* wird in den Tabellen 37 und 38 aufgezeigt; zu beachten ist, daß die einzelnen Attributsgruppen innerhalb einer Stufe separat dargestellt werden.

Die nachstehende Tabelle 37 zeigt die *Beurteilung* der *Hauptkriterien*; die indirekt festgelegten Gewichte $1/a_{ij}$ sind in Klammern angegeben.

Die Subkriterien werden in der Tabelle 38 bearbeitet.

Tabelle 37. CIM-Attributsgewichtung, Hierarchiestufe 1

Hauptkriterien	A 1	A 2	A 3	A 4	A 1	A 2	A 3	A 4	Zeilensumme	Gewicht
A 1 Struktur-faktoren	1	8	4	5	0.635	0.533	0.533	0.741	2.442	0.610
A 2 Prozeß-faktoren	(0.125)	1	0.500	0.250	0.079	0.067	0.067	0.037	0.250	0.063
A 3 Kosten-faktoren	(0.250)	(2)	1	0.500	0.159	0.133	0.133	0.074	0.499	0.125
A 4 Risiko-faktoren	(0.200)	(4)	(2)	1	0.127	0.267	0.267	0.148	0.809	0.202
Spaltensumme	1.575	15	7.500	6.750	1.000	1.000	1.000	1.000	4.000	1.000

Tabelle 38. CIM-Attributsgewichtung, Hierarchiestufe 2

Subkriterien A 1: Strukturfaktoren	A 1.1	A 1.2	A 1.3	A 1.1	A 1.2	A 1.3	Zeilensumme	Gewicht in Bezug auf A 1
A 1.1 Produkt-qualität	1	6	3	0.667	0.600	0.692	1.959	0.653
A 1.2 Produkt-variation	(0.167)	1	0.333	0.111	0.100	0.077	0.288	0.096
A 1.3 Produkt-flexibilität	(0.333)	(3)	1	0.222	0.300	0.231	0.753	0.251
Spaltensumme	1.500	10	4.333	1.000	1.000	1.000	3.000	1.000

Subkriterien A 2: Prozeßfaktoren	A 2.1	A 2.2	A 2.3	A 2.1	A 2.2	A 2.3	Zeilensumme	Gewicht in Bezug auf A 2
A 2.1 Vorlauf-zeit	1	2	0.200	0.154	0.207	0.148	0.509	0.170
A 2.2 Rüstzeit	(0.500)	1	0.150	0.077	0.103	0.111	0.291	0.097
A 1.3 Durchlauf-zeit	(5)	(6.667)	1	0.769	0.690	0.741	2.200	0.733
Spaltensumme	6.500	(9.667)	1.350	1.000	1.000	1.000	3.000	1.000

Subkriterien A 3: Kostenfaktoren	A 3.1	A 3.2	A 3.3	A 3.4	A 3.1	A 3.2	A 3.3	A 3.4	Zeilensumme	Gewicht in Bezug auf A 3
A 3.1 Personal-kosten	1	2	2	0.500	0.250	0.143	0.197	0.284	0.874	0.218
A 3.2 Werkzeug-/Einrichtungs-kosten	(0.500)	1	0.500	0.111	0.125	0.071	0.049	0.063	0.308	0.077
A 3.3 Ausschuß-/Nacharbeits-kosten	(0.500)	(2)	1	0.150	0.125	0.143	0.098	0.085	0.451	0.113
A 3.4 Lagerkosten	(2.000)	(9)	(6.667)	1	0.500	0.643	0.656	0.568	2.367	0.592
Spaltensumme	2.200	14	10.167	1.761	1.000	1.000	1.000	1.000	4.000	1.000

Subkriterien A 4: Risikofaktoren	A 4.1	A 4.2	A 4.3	A 4.1	A 4.2	A 4.3	Zeilensumme	Gewicht in Bezug auf A 4
A 4.1 Ökonologisches Risiko	1	2	3	0.546	0.571	0.500	1.617	0.539
A 2.2 Technologisches Risiko	(0.500)	1	2	0.273	0.286	0.333	0.892	0.297
A 1.3 Implementations-risiko	(0.333)	(0.500)	1	0.181	0.143	0.167	0.491	0.164
Spaltensumme	1.833	3.500	6	1.000	1.000	1.000	3.000	1.000

In den Tabellen 37 und 38 sind alle 4 Hauptkriterien und 13 Subkriterien insgesamt 21 *direkte paarweise Attributsvergleiche* erforderlich. Falls der Vergleich der Subattribute nur einstufig durchgeführt würde, wären insgesamt 13(13 - 12)/2 = 78 Direktvergleiche notwendig. Durch eine geeignete Stratifikation kann mithin die Zahl der paarweisen Vergleiche wesentlich eingeschränkt werden; gleichzeitig wird den Experten die Durchführung solcher Vergleiche wesentlich erleichtert oder überhaupt erst auf sinnvoller Basis ermöglicht.

Tabelle 39 zeigt die *Konsistenzprüfung* auf der ersten Hierarchiestufe.

Tabelle 39. Konsistenzprüfung, Hierarchiestufe 1

```
Hauptkriterien


 ⎡ 1     8    4     5  ⎤   ⎡0.610⎤     ⎡2.624⎤   ⎡2.624 / 0.610⎤   ⎡4.302⎤
 ⎢0.125  1  0.500 0.250⎥   ⎢0.063⎥  =  ⎢0.252⎥   ⎢0.252 / 0.063⎥   ⎢4.000⎥
 ⎢0.250  2    1   0.500⎥   ⎢0.125⎥     ⎢0.505⎥ , ⎢0.505 / 0.125⎥ = ⎢4.040⎥
 ⎣0.200  4    2     1  ⎦   ⎣0.202⎦     ⎣0.826⎦   ⎣0.826 / 0.202⎦   ⎣4.089⎦
                                                      Summe          16.431

     λmax = 16.431 / 4 = 4.108

     CI = (4.108 - 4) / (4 - 1) = 0.108 / 3 = 0.036

     CR = 0.036 / 0.90 = 0.040
```

Entsprechende Berechnungen sind auch für die zweite Hierarchiestufe vorzunehmen. Einzelheiten sind aus Tabelle 40 ersichtlich.

Die Konsistenzprüfung führt auf allen Ebenen zu befriedigenden Ergebnissen (CR < 0.10); eine Wiederholung der paarweisen Attributsvergleiche drängt sich damit nicht auf. Die gewonnenen *Teilergebnisse* können *multiplikativ miteinander verknüpft* werden; die entsprechenden Berechnungen lassen sich anhand von Tabelle 41 nachvollziehen.

Tabelle 40. Konsistenzprüfung, Hierarchiestufe 2

Strukturfaktoren

$$
\begin{bmatrix} 1 & 6 & 3 \\ 0.167 & 1 & 0.333 \\ 0.333 & 3 & 1 \end{bmatrix}
\begin{bmatrix} 0.653 \\ 0.096 \\ 0.251 \end{bmatrix}
=
\begin{bmatrix} 1.982 \\ 0.289 \\ 0.756 \end{bmatrix}
,
\begin{bmatrix} 1.982 \,/\, 0.653 \\ 0.289 \,/\, 0.096 \\ 0.756 \,/\, 0.251 \end{bmatrix}
=
\begin{bmatrix} 3.035 \\ 3.010 \\ 3.012 \end{bmatrix}
$$

Summe $\overline{9.057}$

λ_{max} = (0.057 / 3) = 3.019
CI = (3.019 - 3) / (3 - 1) = 0.019 /2 = 0.010
CR = 0.010 / 0.58 = 0.017

Prozeßfaktoren

$$
\begin{bmatrix} 1 & 2 & 0.200 \\ 0.500 & 1 & 0.150 \\ 5 & 6.667 & 1 \end{bmatrix}
\begin{bmatrix} 0.170 \\ 0.097 \\ 0.733 \end{bmatrix}
=
\begin{bmatrix} 0.511 \\ 0.292 \\ 2.230 \end{bmatrix}
,
\begin{bmatrix} 0.511 \,/\, 0.170 \\ 0.292 \,/\, 0.097 \\ 2.230 \,/\, 0.733 \end{bmatrix}
=
\begin{bmatrix} 3.006 \\ 3.010 \\ 3.042 \end{bmatrix}
$$

Summe $\overline{9.058}$

λ_{max} = (9.058 / 3) = 3.019
CI = (3.019 - 3) / (3 - 1) = 0.019 / 2 = 0.010
CR = 0.010 / 0.58 = 0.017

Kostenfaktoren

$$
\begin{bmatrix} 1 & 2 & 2 & 0.500 \\ 0.500 & 1 & 0.500 & 0.111 \\ 0.500 & 2 & 1 & 0.150 \\ 0.200 & 9 & 6.667 & 1 \end{bmatrix}
\begin{bmatrix} 0.270 \\ 0.102 \\ 0.138 \\ 0.490 \end{bmatrix}
=
\begin{bmatrix} 0.995 \\ 0.360 \\ 0.551 \\ 2.382 \end{bmatrix}
,
\begin{bmatrix} 0.995 \,/\, 0.270 \\ 0.360 \,/\, 0.102 \\ 0.551 \,/\, 0.138 \\ 2.382 \,/\, 0.490 \end{bmatrix}
=
\begin{bmatrix} 3.885 \\ 3.529 \\ 3.993 \\ 4.861 \end{bmatrix}
$$

Summe $\overline{16.268}$

λ_{max} = (16.268 / 4) = 4.067
CI = (4.067 - 4) / (4 - 1) = 0.067 / 3 = 0.022
CR = 0.022 / 0.90 = 0.024

Risikofaktoren

$$
\begin{bmatrix} 1 & 2 & 3 \\ 0.500 & 1 & 2 \\ 0.333 & 0.500 & 1 \end{bmatrix}
\begin{bmatrix} 0.539 \\ 0.297 \\ 0.164 \end{bmatrix}
=
\begin{bmatrix} 1.625 \\ 0.895 \\ 0.492 \end{bmatrix}
,
\begin{bmatrix} 1.625 \,/\, 0.539 \\ 0.895 \,/\, 0.297 \\ 0.492 \,/\, 0.164 \end{bmatrix}
=
\begin{bmatrix} 3.015 \\ 3.013 \\ 3.000 \end{bmatrix}
$$

Summe $\overline{9.028}$

λ_{max} = (9.028 / 3) = 3.009
CI = (3.009 - 3) / (3 - 1) = 0.009 / 2 = 0.005
CR = 0.005 / 0.58 = 0.009

Tabelle 41. CIM-Gesamtbewertung, Multiplikative Attributsgewichtung

Hauptkriterien	Subkriterien	Stufen-gewicht	End-gewicht
Strukturfaktoren Gewicht 0.610	Produktqualität Produktvariation Produktflexibilität	0.653 0.096 0.251	0.398 0.059 0.153
Prozeßfaktoren Gewicht 0.063	Vorlaufzeit Rüstzeit Durchlaufzeit	0.170 0.097 0.733	0.011 0.006 0.046
Kostenfaktoren Gewicht 0.125	Personalkosten Werkzeug-/Einrichtungskosten Ausschuß/Nacharbeitskosten Lagerkosten	0.218 0.077 0.113 0.592	0.027 0.010 0.014 0.074
Risikofaktoren Gewicht 0.202	Ökonomisches Risiko Technologisches Risiko Implementationsrisiko	0.539 0.297 0.164	0.109 0.060 0.033
	Summe		1.000

433   Alternativenbearbeitung

Mit der Attributsbearbeitung kann - wie im vorigen Beispiel - die AHP-Bearbeitungs-phase abgeschlossen werden.

Normalerweise wird im Rahmen von AHP-Analysen auf *Alternativenvergleiche* beson-deren Wert gelegt. Dem entsprechend sind die zu untersuchenden Alternativen ebenfalls in der AHP-Bearbeitungsphase mitzuberücksichtigen.

433.1   Evaluation

Zunächst besteht die Möglichkeit, die einzelnen *Alternativen* einem *separatven Evalua-tionsprozeß* zu unterziehen. Dabei kann in weitestgehendem Maße auf spezifische Eigenschaften der zu untersuchenden Systeme und der in ihnen ablaufenden Prozes-se eingegangen werden.

In der Literataur wird eine *integrierte Alternativenevaluation* vorgezogen. Sie läßt sich besonders einfach durch ein *Splittingverfahren* erreichen. Danach werden die Evalua-tionsergebnisse der untersten Hierarchiestufe - bei zunächst nur globaler Projektevaluation - nach der den Alternativlösungen vergleichsweise zukommenden Bedeutung aufgeschlüsselt. Im allgemeinen wird dabei mit relativ grob geschätzten Splittungs-verhältnissen gearbeitet.

433.2   Komparation

Beim letzterwähnten Verfahren konzentriert sich der Alternativenvergleich auf das *Gesamtergebnis* der nach dem Splittungsverfahren zugeordneten Attributsgewichte der letzten Hierarchiestufe.

Falls - bezogen auf das eben disktutierte CIM-Beispiel - zwei konzeptionell verschiede-ne Systeme miteinander verglichen und die aus Tabelle 42 ersichtlichen Splittungs-faktoren unterstellt werden, ergibt sich eine Gesamtbewertung (overall rating) von 0.33 : 0.67 zugunsten des Neusystems.

Tabelle 42. CIM-Gesamtbewertung, Alternativenevaluation

Subkriterien	Endgewicht	Splittungs-verhältnis	Endgewicht Alt-System	Neu-
Produktqualität	0.398	0.333 / 0.667	0.133	0.265
Produktvariation	0.059	0.200 / 0.800	0.012	0.047
Produktflexibilität	0.153	0.250 / 0.750	0.038	0.115
Vorlaufzeit	0.011	0.333 / 0.667	0.004	0.007
Rüstzeit	0.006	0.286 / 0.714	0.002	0.004
Durchlaufzeit	0.046	0.333 / 0.667	0.015	0.031
Personalkosten	0.034	0.333 / 0.667	0.011	0.023
Werkzeug-/Einrichtungskosten	0.013	0.222 / 0.778	0.003	0.010
Ausschuß-/Nacharbeitskosten	0.017	0.250 / 0.750	0.004	0.013
Lagerkosten	0.061	0.091 / 0.909	0.006	0.055
Ökonomisches Risiko	0.109	0.333 / 0.667	0.036	0.073
Technologisches Risiko	0.060	0.667 / 0.333	0.040	0.020
Implementationsrisiko	0.033	0.800 / 0.200	0.026	0.007
Summe	1.000		0.330	0.670

Das angeführte Beispiel läßt erkennen, daß *komplexe Alternativsysteme unbedingt computergestützt bearbeitet* werden sollten. Vgl. hierzu Kapitel 5.

44   Auswertungsphase

Die *Auswertungsphase* besteht im wesentlichen in der AHP-Ergebnispräsentation, kann aber auch noch Entscheidungen über Zusatzuntersuchungen mitumfassen.

441   Ergebnispräsentation

Die *Ergebnispräsentation* wird im allgemeinen schriftlich - ergänzt durch mündliche Zusatzberichte - erfolgen.

441.1   Schriftliche Berichte

Die zentralen AHP-Ergebnisse sind in *schriftlichen Berichten* gut kommentiert vorzulegen. Dabei sind auch Angaben zum Untersuchungsauftrag sowie über Art und Umfang der Problembearbeitung erwünscht. Die erzielten Resultate sind ausführlich zu kommentieren und zu evaluieren. *Graphische und tabellarische Darstellungen* können - bei Verwendung der üblichen AHP-Software - im wesentlichen unverändert übernommen werden, sind aber sorgfältig in die Abschlußberichte zu integrieren.

441.2   Mündliche Berichte

Durch *mündliche Ergänzungsberichte* können - etwa in Verbindung mit der Übergabe des schriftlichen Abschlußberichts - zusätzliche Aspekte der AHP-Analyse verdeutlicht und in ihren Implikationen im Hinblick auf subsequente Planungs-, Entscheidungs- und Kontrollprozesse diskutiert werden.

442   Zusatzuntersuchungen

Zusatzuntersuchungen bauen auf bereits vorliegenden AHP-Studien auf. Sie können ohne/mit Veränderung der ursprünglichen Modellstruktur durchgeführt werden.

442.1   Sensitivitätsanalyse

Durch *Sensitivitätsanalysen* (sensitivity analyses) soll untersucht werden, in welchem Maße *Veränderungen in der Attributsgewichtung* - bei gleichbleibender Modellstruktur - *ohne Auswirkung auf die Alternativenrangfolge* möglich sind. Sie bedingen eine zweistufige Attributsgliederung und zeigen die mit der veränderten Beurteilung eines Attributs verbundenen Rückwirkungen auf das unmittelbar höher gestellte (Anker-)Attribut. Zusätzlich können auch die mit derartigen Umgewichtungen verbundenen Auswirkungen auf die relative Bedeutung der übrigen - gleichrangig eingestuften und in ihrer gegenseitigen Relation nicht veränderten - Attribute verfolgt werden. Die Resultatsdarstellung erfolgt vorzugsweise anhand graphischer Darstellungen; vgl. Abschnitt 611.3.

442.2   Kosten-/Leistungsanalysen

Die Aussagefähigkeit von AHP-Studien kann durch den Übergang zu *separaten Kosten-/Leistungsanalysen* gesteigert werden. Die damit verbundenen Umgestaltungen im Modellaufbau sind im allgemeinen leicht zu bewerkstelligen und sind insbesondere zur verfeinerten Analyse von *Großprojekten* empfehlenswert; vgl. Abschnitt 612.2.

Literaturstudium

Die grundlegenden Arbeiten zur AHP-Methode stammen von T. L. Saaty und L. G. Vargas, deren Lehrbücher [305; 308; 318; 331] und Monographien [312] den Leser nicht nur mit den theoretischen Grundlagen des AHP-Ansatzes vertraut machen, sondern auch zahlreiche und vielfältige praktische Einsatzberichte mitenthalten. Außerdem liegt ein - fallstudiengestütztes - Textbuch zum AHP-Einsatz im Marketing vor [96; 98].

Die Grundkonzepte der AHP-Methode werden in zunehmendem Maße auch in allgemeinen Lehrbüchern zur quantitativen Betriebswirtschaftslehre behandelt [56]. Speziell zu verweisen ist auch auf die französische Literatur zur AHP-Analyse [244]. Deutschsprachige Einführungen in das AHP-Basisverfahren finden sich in den allgemeinen Lehrbüchern zur multikriteriellen Analyse [451] und verwandten Methoden [340; 221].

Hinweise auf Neu-und Weiterentwicklungen vermitteln vor allem die AHP-Konferenzberichte [265].

45 Sonderfälle und Varianten

Das in den vorstehenden Abschnitten beschriebene AHP-Standardverfahren erweist sich - insbesondere bei computergestütztem Einsatz - als sehr leistungsfähig und vielseitig verwendbar; vgl. Abschnitt 52.

In der Literatur wird die AHP-Methode allerdings nicht nur positiv beurteilt. Die beiden folgenden Abschnitte orientieren über *Problemfelder* der AHP-Standardmethode und mögliche *Verfeinerungen* des AHP-Ansatzes.

451 Sonderfälle

In der Literatur werden die mit Gruppenschätzungen und nachträglichen Untersuchungsausweitungen verbundenen Probleme besonders intensiv diskutiert.

451.1 Gruppenschätzungen

Bei der Bearbeitung von AHP-Problemen durch *mehrere Experten* ist zu beachten, daß die Aggregation divergierender Schätzwerte nur über die geometrische Mittelberechnung zu konsistenten Ergebnissen führt. Vgl. Tabelle 43 in der drei Experten E_k , k = 1(1)3, beim Vergleich des Attributs A_1 in Relation zu A_2 zu unterschiedlichen Ergebnissen, a_{ij}, kommen. Für die korrespondierenden Spaltenwerte gilt auch diesfalls $a_{ji} = 1/a_{ij}$.

Die AHP-orientierte Verarbeitung mehrfacher Expertenschätzungen wird in der Literatur als ADM (Analytic Delphi Method) bezeichnet [23; 243].

451.2 Untersuchungsausweitungen

AHP-Analysen lassen sich nachträglich durch den *Einbezug zusätzlicher Alternativen und/oder Attribute* verfeinern. Der damit verbundene höhere Komplexitätsgrad der Modelle ist - insbesondere bei computergestützten Auswertungen - im allgemeinen leicht zu bewältigen. Zu beachten ist allerdings, daß nachträglich verfeinerte AHP-Analysen zu *Änderungen in der Alternativen-Rangfolge* führen können.

Tabelle 43. Gruppenschätzungen, Beispiel

Attribute i j		A$_1$				A$_2$			
		E$_1$	E$_2$	E$_3$		E$_1$	E$_2$	E$_3$	Arithmetisches Mittel 5 1/5
A$_1$	E$_1$	1			Arithmetisches Mittel 1.0	3			
	E$_2$		1				5		
	E$_3$			1				8	
	Geometrisches Mittel 1.0					Geometrisches Mittel 4.9324			
A$_2$	E$_1$	(1/3)			Arithmetisches Mittel 0.2194	1			Arithmetisches Mittel 1.0
	E$_2$		(1/5)				1		
	E$_3$			(1/8)				1	
	Geometrisches Mittel 0.2027					Geometrisches Mittel 1.0			

Berechnungsweise
Arithmetisches Mittel
$(3 + 5 + 8)/3 = 16/3 = 5\ 1/3$
$(1/3 + 1/5 + 1/8) = 79/360 = 0.2194 \neq 1/(5\ 1/3)$
Geometrisches Mittel
$(3 \cdot 5 \cdot 8)^{1/3} = (120)^{1/3} = 4.9324$
$(1/3 \cdot 1/5 \cdot 1/8)^{1/3} = (1/120)^{1/3} = 0.2027 = 1/4.9324$

Die Möglichkeit eines Auftretens derartiger *Rangreversionen* (rank reversals) spricht keinesfalls gegen die AHP-Methode; in der amerikanischen Literatur finden sich diesbezüglich allerdings sehr kontroverse Diskussionen [41; 301; 94; 304].

Tabelle 44 zeigt anhand eines kurzen Beispiels - Evaluation von Ferienwohnungen - die Auswirkungen sukzessiver Ausweitungen einer Basisuntersuchung durch Mitberücksichtigung zusätzlicher Alternativen und Attribute.

Zunächst werden - vgl. auch Abbildung 16 - nur drei Alternativen anhand von drei Attributen beurteilt; anschließend erfolgt eine Ergänzung durch eine zusätzliche Alternative und ein weiteres Attribut.

Vermerkt sei, daß sich aus Abbildung 16 bereits eine tentative Rangfolge der Alternativen erkennen läßt. Die AHP-Analyse ermöglicht eine systematische Gewichtung.

Abbildung 16. Alternativenbewertung, Beispiel

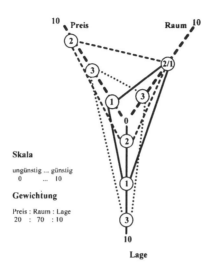

Tabelle 44. AHP-Beispiel, Wohnungsevaluation

1. Basissituation: 3 Alternativen (W-1, W-2, W-3) 3 Attribute (A-1, A-2, A-3)								
Wohnungsattribute	A-1	A-2	A-3	A-1	A-2	A-3	Total	Durchschnitt
A-1: Preis	1	1/5	2	0.15	0.14	0.25	0.54	0.18
A-2: Raum	5	1	5	0.77	0.71	0.63	2.11	0.70
A-3: Lage	1/2	1/5	1	0.08	0.15	0.12	0.35	0.12
Total	6 1/2	1 2/5	8	1.00	1.00	1.00	3.00	1.00

Preis	W-1	W-2	W-3	W-1	W-2	W-3	Total	Durchschnitt
W-1	1	1/8	1/5	0.07	0.08	0.06	0.21	0.07
W-2	8	1	2	0.57	0.62	0.63	1.82	0.61
W-3	5	1/2	1	0.36	0.30	0.21	0.97	0.32
Total	14	1 5/8	3 1/5	1.00	1.00	1.00	3.00	1.00

Raum	W-1	W-2	W-3	W-1	W-2	W-3	Total	Durchschnitt
W-1	1	1	3	0.43	0.43	0.43	1.49	0.43
W-2	1	1	3	0.43	0.43	0.43	1.49	0.43
W-3	1/3	1/3	1	0.14	0.14	0.14	0.42	0.14
Total	2 1/3	2 1/3	7	1.00	1.00	1.00	3.00	1.00

Lage	W-1	W-2	W-3	W-1	W-2	W-3	Total	Durchschnitt
W-1	1	3	1/3	0.23	0.30	0.22	0.75	0.25
W-2	1/3	1	1/6	0.08	0.10	0.11	0.29	0.10
W-3	3	6	1	0.69	0.60	0.67	1.96	0.65
Total	4 1/3	10	1 3/6	1.00	1.00	1.00	3.00	1.00

Gesamtgewichtung	Atribute			Alternativen	
	Eigenvektor-/Durchschnittswerte			Gesamtgewicht	Rang
	A-1 Preis	A-2 Raum	A-3 Lage		
W-1	0.07	0.43	0.25	0.35	2
W-2	0.61	0.43	0.10	0.42	1
W-3	0.32	0.14	0.65	0.23	3
Total	1.00	1.00	1.00	1.00	
Attribute	0.18	0.70	0.12		

Berechnung des letzten Tableaus

$$\begin{bmatrix} \text{Eigen-} & \text{Eigen-} & \text{Eigen-} \\ \text{wert-} & \text{wert-} & \text{wert-} \\ \text{vektor} & \text{vektor} & \text{vektor} \\ \text{Preis} & \text{Raum} & \text{Lage} \end{bmatrix} \cdot \begin{bmatrix} \text{Eigen-} \\ \text{wert-} \\ \text{vektor} \\ \text{Attribute} \end{bmatrix} = \begin{bmatrix} \text{Gesamt-} \\ \text{gewicht} \\ \text{Alter-} \\ \text{nativen} \end{bmatrix}$$

$$\begin{bmatrix} 0.07 & 0.43 & 0.29 \\ 0.61 & 0.43 & 0.14 \\ 0.32 & 0.14 & 0.57 \end{bmatrix} \cdot \begin{bmatrix} 0.18 \\ 0.70 \\ 0.12 \end{bmatrix} = \begin{bmatrix} 0.35 \\ 0.43 \\ 0.22 \end{bmatrix}$$

2. Ausweitung: 4 Alternativen (W-1, W-2, W-3, W-4)
             3 Attribute (A-1, A-2, A-3)

Preis	W-1	W-2	W-3	W-4	W-1	W-2	W-3	W-4	Total	Durchschnitt
W-1	1	1/8	1/5	1/8	0.05	0.05	0.05	0.05	0.20	0.05
W-2	8	1	2	1	0.36	0.38	0.38	0.38	1.50	0.38
W-3	5	1/2	1	1/2	0.23	0.19	0.19	0.19	0.80	0.20
W-4	8	1	2	1	0.36	0.38	0.38	0.38	1.50	0.37
Total	22	2 5/8	5 1/5	2 3/8	1.00	1.00	1.00	1.00	4.00	1.00

Raum	W-1	W-2	W-3	W-4	W-1	W-2	W-3	W-4	Total	Durchschnitt
W-1	1	1	2	1/4	0.15	0.15	0.15	0.15	0.60	0.15
W-2	1	1	2	1/4	0.15	0.15	0.15	0.15	0.60	0.15
W-3	1/2	1/2	1	1/8	0.08	0.08	0.08	0.08	0.32	0.08
W-4	4	4	8	1	0.62	0.62	0.62	0.62	2.48	0.62
Total	6 1/2	6 1/2	13	1 5/8	1.00	1.00	1.00	1.00	4.00	1.00

Lage	W-1	W-2	W-3	W-4	W-1	W-2	W-3	W-4	Total	Durchschnitt
W-1	1	3	1/3	1	0.19	0.23	0.17	0.23	0.82	0.20
W-2	1/3	1	1/6	1/3	0.06	0.08	0.08	0.08	0.30	0.08
W-3	3	6	1	2	0.56	0.46	0.50	0.48	1.98	0.50
W-4	1	3	1/2	1	0.19	0.23	0.25	0.23	0.90	0.22
Total	5 1/3	13	2	4 1/3	1.00	1.00	1.00	1.00	3.00	1.00

Gesamtgewich-tung	Attribute			Alternativen		
	Eigenvektor-/Durchschnittswerte			Gesamtgewicht		Rang
	A-1	A-2	A-3			
W-1	0.05	0.15	0.20	0.14		4
W-2	0.38	0.15	0.08	0.19		2
W-3	0.20	0.08	0.50	0.15		3
W-4	0.37	0.62	0.22	0.52		1
Total	1.00	1.00	1.00	1.00		
Attribute	0.18	0.70	0.12			

3. Ausweitung: 4 Alternativen (W-1, W-2, W-3, W-4)
4 Attribute (A-1, A-2, A-3, A-4)

Wohnungs-attribute	A-1	A-2	A-3	A-4	A-1	A-2	A-3	A-4	Total	Durchschnitt
A-1: Preis	1	1/5	2	1/3	0.11	0.13	0.18	0.05	0.47	0.12
A-2: Raum	5	1	5	5	0.53	0.62	0.46	0.75	2.36	0.59
A-3: Lage	1/2	1/5	1	1/3	0.05	0.13	0.09	0.05	0.32	0.08
A-4: Neben-kosten	3	1/5	3	1	0.31	0.12	0.27	0.15	0.85	0.21
Total	9 1/2	1 3/5	11	6 2/3	1.00	1.00	1.00	1.00	4.00	1.00

Nebenkosten	W-1	W-2	W-3	W-4	W-1	W-2	W-3	W-4	Total	Durchschnitt
W-1	1	1/3	1/9	1/3	0.06	0.06	0.06	0.06	0.24	0.06
W-2	3	1	1/3	1	0.19	0.19	0.19	0.19	0.76	0.19
W-3	9	3	1	3	0.56	0.56	0.56	0.56	2.24	0.56
W-4	3	1	1/3	1	0.19	0.19	0.19	0.19	0.76	0.19
Total	16	5 1/3	1 7/9	5 1/3	1.00	1.00	1.00	1.00	4.00	1.00

Gesamt-gewichtung	Attribute				Alternativen	
	Eigenvektor-/Durchschnittswerte				Gesamtgewicht	Rang
	A-1	A-2	A-3	A-4		
W-1	0.05	0.15	0.20	0.06	0.12	4
W-2	0.38	0.15	0.08	0.19	0.18	3
W-3	0.19	0.08	0.50	0.56	0.23	2
W-4	0.38	0.62	0.22	0.19	0.47	1
Total	1.00	1.00	1.00	1.00	1.00	
Attribute	0.12	0.59	0.08	0.21		

Die beim vorstehenden Beispiel aufgetretenen Rangverschiebungen zeigen folgendes
Bild:

Rang 1: W-2, W-4, W-4

Rang 2: W-1, W-2, W-3

Rang 3: W-3, W-3, W-2

Rang 4: - , W-1, W-1

Derartige *Rangreversionen* lassen sich selbstverständlich dadurch *vermeiden*, daß bei
AHP-Analysen von allem Anfang an auf den Einbezug aller relevant erscheinenden
Attribute und Alternativen hingearbeitet wird. Die nachträgliche Hinzufügung weiterer
Bewertungskriterien führt jedenfalls zu Verschiebungen in den Endergebnissen, die
möglicherweise auch Rangreversionen mitbeinhalten.

Zur *Vereinfachung* von AHP-Analysen kann sich übrigens auch die Zusammenfassung
(nahezu gleich zu bewertender) Attribute sowie die konsequente Nichtberücksichti-
gung von mit großer Sicherheit nachrangig zu bewertender Alternativen aufdrängen.

Bezogen auf das vorstehende Beispiel ergibt sich - bei Elimination von W-1 - die aus
Tabelle 45 ersichtliche Neugewichtung der Alternativen.

Tabelle 45. AHP-Beispiel, Wohnungsevaluation

Gesamtgewichtung	Attribute				Alternativen	
1. Basissituation: 4 Alternativen (W-1, W-2, W-3, W-4) 4 Attribute (A-1, A-2, A-3, A-4) gemäß Tabelle 46.						
2. Beschränkung: 3 Alternativen (W-2, W-3, W-4) 4 Attribute (A-1, A-2, A-3, A-4)						
	Eigenvektor-/Durchschnittswerte				Gesamtgewicht	Rang
	A-1	A-2	A-3	A-4		
W-2	0.40	0.18	0.10	0.20	0.20	3
W-3	0.20	0.09	0.60	0.60	0.25	2
W-4	0.40	0.73	0.30	0.30	0.55	1
Total	1.00	1.00	1.00	1.00	1.00	
Attribute	0.12	0.59	0.08	0.21		

Tabelle 45 zeigt nur die Endresultate der auf drei Alternativen beschränkten Analyse. Die Einzelberechnungen sind analog zu den in Tabelle 44 angeführten Schritten vorzunehmen.

Vermerkt sei, daß beim vorliegenden Beispiel - schon bei grober Analyse - über die Präferenzierung der Alternativn W-4 keine Zweifel bestehen; vgl. Abbildung 17. Unter solch eindeutigen Verhältnissen werden Praktiker auf die Durchführung detaillierter AHP-Analysen verzichten. Dabei ist nicht zu übersehen, daß das diskutierte Beispiel den - für den praktischen Einsatz der AHP-Methode eher ungewöhnlichen - Fall eines einstufigen Problems betrifft.

Abbildung 17. Alternativenbewertung, Beispiel

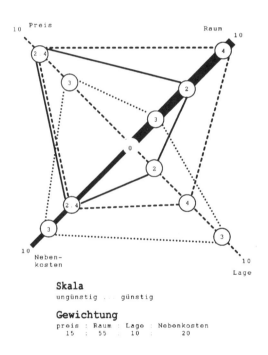

Generell zu *vermeiden* ist die *Mitberücksichtigung ganz oder nahezu gleichartiger Alternativen*. Sie führen lediglich zu einer - unliebsamen - Ausweitung der Gesamtuntersuchung. Zudem können solche Alternativen bei nachträglichen Einbezug zu Rangumstellungen führen. Hierzu finden sich in der Literatur zahlreiche - zumeist wirklichkeitsfremde - Beispiele [94].

452   Varianten

Die Diskussion zur Problematik von Rangreversionen haben nicht nur zu einer ver-
tieften Analyse der AHP-Methodologie geführt, sondern auch zu weitergehenden
Vorschlägen zur AHP-konformen *Bearbeitung von Spezialproblemen* angeregt. Zwei
Ansätze werden im folgenden dargestellt.

452.1   Festwertverfahren

Nach dem bisher besprochenen AHP-Basisverfahren vermögen Art und Zahl der in
die Analyse einbezogenen Alternativen auch deren Bewertung zu beeinflussen. Diese
Vernetzung (relative measurement) läßt sich durch das *Festwerverfahren* unterbinden
[*301*].

Nach diesem Ansatz werden die bei den aktuell bearbeiteten Alternativen festgestell-
ten Attributsausprägungen mit vorgegebenen - im allgemeinen über längere Zeit
unverändert beibehalten - *Standards* verglichen und entsprechend *benotet* (absolute
measurement).

Das Festwertverfahren eignet sich besonders zur persönlichen Leistungsbewertung.
Vgl. Tabelle 46. Das Beispiel betrifft die Beurteilung potentieller Mitarbeiter(innen)
anhand von Vorstellungsgesprächen resp. schriftlichen Eignungsprüfungen, bei
Verwendung einer dreistufigen Bewertungs-(Noten-)skala.

452.2   Eigenvektorverfahren

Auf die in der Literatur - teilweise von namhaften Autoren - gemachten Vorbehalte
gegenüber der AHP-spezifischen *Eigenvektorberechnung* und der darauf aufbauenden
CI- resp. CR-Tests (vgl. Abschnitt 432.2) gehen bemerkenswerte Vorschläge zur
Modifikation der EV-Ermittlung zurück.

Tabelle 46. AHP-Beispiel, Festwertverfahren

Basisdaten: 2 Prüfungen (P-1, P-2), dreistufige Notenskala (A, B, C)							
Gewichtung Prüfungsart	P-1	P-2		P-1	P-2	Total	Durchschnitt
P-1: Vorstellungs- gespräch	1	4		0.80	0.80	1.60	0.80
P-2: Eignungsprüfung	1/4	1		0.20	0.20	0.40	0.20
Total	1 1/4	5		1.00	1.00	2.00	1.00
Notengewichtung Vorstellungsgespräch	A	B	C	A	B	C	Total	Durchschnitt
A: sehr gut	1	4	8	0.73	0.76	0.61	2.10	0.70
B: gut	1/4	1	4	0.18	0.19	0.31	0.68	0.23
C: befriedigend	1/8	1/4	1	0.09	0.05	0.08	0.22	0.07
Total	1 3/8	5 1/4	13	1.00	1.00	1.00	3.00	1.00
Notengewichtung Eignungsprüfung	A	B	C	A	B	C	Total	Durchschnitt
A: sehr gut	1	5	9	0.76	0.81	0.60	2.17	0.73
B: gut	1/5	1	5	0.15	0.16	0.33	0.64	0.21
C: befriedigend	1/9	1/5	1	0.09	0.03	0.07	0.19	0.06
Total	1 14/45	6 1/5	15	1.00	1.00	1.00	3.00	1.00

| Festwertskala | Vorstellungsgespräch (0.80) | | | Eignungsprüfung (0.20) | | | Total | |
	A	B	C	A	B	C		
Gewicht	0.56	0.18	0.06	0.15	0.04	0.01	1.00	
Bewerber(in)								
X	X			X			0.71	
Y		X		X			0.33	
Z			X			X	0.10	

Nach der LS-Methode (least squares) sind die Vektorgewichte $\mathbf{w} = (w_1, w_2, \ldots, w_n)'$ so festzulegen, daß eine Minimierung der Maßgröße

$$\sum_i \sum_j (a_i j - w_i / w_j)^2 \quad , \quad i, j = 1(1)n$$

sichergestellt wird. Die Matrix

$$\mathbf{W} = (w_{ij}) \, , \, w_{ij} = w_i / w_j$$

ist strukturell so an die Matrix $\mathbf{A}$ (mit den Elementen $a_{ij} = 1/a_{ij}$) anzugleichen, daß mit

$$tr(\mathbf{AA'}) = \sum_{i,j} a_{ij}^2 \quad , \quad i,j = 1(1)n$$

und

$$tr\,(\boldsymbol{A} - \boldsymbol{W})(\boldsymbol{A} - \boldsymbol{W})' = \sum_{i,j} (a_{ij} - w_{ij})^2$$

die Eigenwerte (eigenvalues) von $(\boldsymbol{A} - \boldsymbol{W})(\boldsymbol{A} - \boldsymbol{W})'$ minimiert werden; falls diese mit α_i bezeichnet werden, ist mithin

$$Min\,tr\,(\boldsymbol{A} - \boldsymbol{W})(\boldsymbol{A} - \boldsymbol{W})' = min \sum_i \alpha_i$$

anzustreben [*308*, p. 233].

Zur Diskussion dieser Methode sei insbesondere auf die Beiträge von de Jong [*78*], Jensen [*187*], Cogger/Yu [*66*], Saaty/Vargas [*326*] verwiesen.

In ähnlicher Weise ist die *LLS-Methode* (logarithmic least squares) auf eine Minimierung der Kenngröße

$$\sum_i \sum_j (\log a_{ij} - \log w_i / w_j)^2 \quad , \quad i,j = 1(1)n$$

ausgerichtet [*426*; *119*].

Die Lösung dieses Minimumproblems ist durch

$$w_i = \left[\prod_j a_{ij}\, w_j \right]^{1/n} , \quad i,j = 1(1)n$$

gegeben.

Unter der Bedingung

$$\sum_i w_i = 1$$

ergibt sich

$$w_i = \left[\prod_j a_{ij} \right]^{1/n} \Big/ \sum_i \left[\prod_j a_{ij} \right]^{1/n} \ , \ i,j = 1(1)n$$

Dabei ist zu beachten, daß eventuelle Inkonsistenzen zwischen der i-ten und anderen Zeilen in w_i nicht reflektiert werden; dies im Gegensatz zu der AHP-spezifischen Eigenwertmethode [326].

Die *GMV-Methode* (geometric mean vector) entspricht konzeptionell dem LLS-Ansatz [73]. Berechnet wird

$$v_i = \prod_j a_{ij}^{1/n} \Big/ \sum_i \left[\prod_j a_{ij}^{1/n} \right] , \ i,j = 1(1)n$$

Bei *inkonsistenter Attributsevaluation* führen die AHP-Werte zu *Abweichungen* gegenüber des LLS-Ergebnissen. Vgl. Tabelle 47. Bezogen auf die AHP-Werte ergibt sich für dieses Beispiel zudem ein CR-Wert von 0.172; darnach drängt sich eine Überprüfung der Attributsevaluation auf.

Tabelle 47. Eigenvektorberechnungen, Beispiel zu inkonsistenter Attributsevaluation

Basisdaten	A-1	A-2	A-3	Eigenvektoren AHP	LLS (GMV)
A-1	1	2	7	0.555	0.559
A-2	1/2	1	9	0.385	0.383
A-3	1/7	1/9	1	0.060	0.058

Falls mit den aus Tabelle 48 ersichtlichen revidierten Basisdaten gearbeitet wird, führen AHP- und LLS- (GMV-)Ansatz zu den gleichen Ergebnissen. Der AHP-spezifische CR-Wert beträgt nunmehr 0.03.

Tabelle 48. Eigenvektorberechnungen, Beispiel mit geringer Perturbation

Basisdaten	A-1	A-2	A-3	Eigenvektoren AHP	LLS (GMV)
A-1	1	2	4	0.557	0.558
A-2	1/2	1	3	0.320	0.320
A-3	1/4	1/3	1	0.123	0.122

Bei *gering perturbierten Evaluationsmatrizen* kann mithin *alternativ* nach dem *AHP-resp. LLS-Ansatz* gearbeitet werden.

Mit den vorerwähnten Diskussionen ist der *graphentheoretisch fundierte AHP-Ansatz* eng verbunden. Gearbeitet wird mit gerichteten Graphen.

Unter einem *Graph* wird eine Menge von Knoten (Punkten) und Kanten sowie eine zugehörige Inzidenzabbildung, die jeder Kante ein Punktepaar zuordnet, verstanden. *Gerichtete Graphen* umfassen ausschließlich Kanten mit feststehenden Anfangs- und Endknoten.

Bei derartigen Graphen kann ein Knoten schrittweise - ein- oder mehrstufig - erreicht werden; die *Schrittzahl* wird mit k bezeichnet. Außerdem wird dem zurückgelegten - nach Schrittzahlen spezifizierten - Weg das Produkt der Kantenwerte zugeordnet und kurz *Intensität* (intensity) genannt. Auf dieser Basis lassen sich - im Sinne eines *Markovschen Prozesses* - *Intensitätsinzidenz-Matrizen* (intensity incidence matrices) aufbauen; sie werden mit A^k bezeichnet und weisen für alle Knoten in den entsprechenden Feldern der Matrix die *Summenintensitäten* aus.

Nach dem graphentheoretischen fundierten AHP-Ansatz werden die *Attributs-Evaluationsmatrizen* als tabellarische Darstellung gerichteter Graphen interpretiert. So läßt sich etwa die Matrix

$$A = \begin{bmatrix} 1 & 3 & a \\ 1/2 & 1 & 3 \\ 1/a & 1/3 & 1 \end{bmatrix}$$

in der aus Abbildung 18 ersichtlichen Form darstellen [*161*, p. 1392].

Abbildung 18. AHP-Evaluationsmatrix als gerichteter Graph, Beispiel

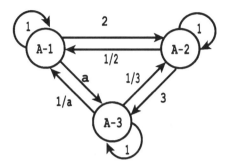

Falls a = 6 gesetzt - und damit offensichtlich eine *voll konsistente Evaluationsmatrix* festgelegt - wird, ergeben sich für die Intensitätsinzidenz-Matrizen A^k, k = 1(1)3, die folgenden Resultate, zu deren Interpretation zusätzlich auf Tabelle 49 verwiesen sei.

$$A^1 = \begin{bmatrix} 1 & 2 & 6 \\ 1/2 & 1 & 3 \\ 1/6 & 1/3 & 1 \end{bmatrix}, \ A^2 = \begin{bmatrix} 3 & 6 & 18 \\ 1\ 1/2 & 3 & 9 \\ 1/2 & 1 & 3 \end{bmatrix}, \ A^3 = \begin{bmatrix} 9 & 18 & 54 \\ 4\ 1/2 & 9 & 27 \\ 1\ 1/2 & 3 & 9 \end{bmatrix}$$

Für die normalisierten Matrizen gilt

$$A^k = \begin{bmatrix} 0.60 & 0.60 & 0.60 \\ 0.30 & 0.30 & 0.30 \\ 0.10 & 0.10 & 0.10 \end{bmatrix}, \ k = 1(1)3$$

Tabelle 49. Intensitätsberechnung, Beispiel

Matrix	Weg	Intensität	Summe	Matrixelement
A^1	1 - 1	1		a_{11}
	1 - 2	2		a_{12}
	1 - 3	6		a_{13}
	2 - 1	1/2		a_{21}
	2 - 2	1		a_{22}
	2 - 3	3		a_{23}
	3 - 1	1/6		a_{31}
	3 - 2	1/3		a_{32}
	3 - 3	1		a_{33}
A^2	1 - 1 - 1	1 · 1 = 1	3	a_{11}
	1 - 2 - 1	2 · 1/2 = 1		
	1 - 3 - 1	6 · 1/6 = 1		
	1 - 1 - 2	1 · 2 = 1	6	a_{12}
	1 - 3 - 2	6 · 1/3 = 2		
	1 - 2 - 2	2 · 1 = 2		
	3 - 1 - 3	1/6 · 6 = 1	3	a_{33}
	3 - 2 - 3	1/3 · 3 = 1		
	3 - 3 - 3	1 · 1 = 1		
A^3	1 - 1 - 1 - 1	1 · 1 · 1 = 1	6	a_{11}
	1 - 2 - 1 - 1	1 · 2 · 1/2 = 1		
	1 - 2 - 2 - 1	2 · 1 · 1/2 = 1		
	1 - 3 - 3 - 1	6 · 1 · 1/6 = 1		
	1 - 2 - 3 - 1	2 · 3 · 1/6 = 1		
	1 - 3 - 2 - 1	6 · 1/3 · 1/2 = 1		
	1 - 3 - 1 - 1	6 · 1/6 · 1 = 1		
	1 - 1 - 2 - 1	1 · 2 · 1/2 = 1		
	1 - 1 - 3 - 1	1 · 6 · 1/6 = 1		
	3 - 3 - 3 - 1	1 · 1 · 1/6 = 1/6	1 1/2	a_{31}
	3 - 2 - 3 - 1	1/3 · 3 · 1/6 = 1/6		
	3 - 2 - 2 - 1	1/3 · 1 · 1/2 = 1/6		
	3 - 1 - 1 - 1	1/6 · 1 · 1 = 1/6		
	3 - 2 - 1 - 1	1/3 · 1/2 · 1 = 1/6		
	3 - 1 - 2 - 1	1/6 · 2 · 1/2 = 1/6		
	3 - 1 - 3 - 1	1/6 · 6 · 1/6 = 1/6		
	3 - 3 - 2 - 1	1 · 1/3 · 1/2 = 1/6		
	3 - 3 - 1 - 1	1 · 1/6 · 1 = 1/6		

Bei nur *leichten Perturbationen* führen die Intensitätsinzidenz-Matrizen - in normalisierter Form - rasch zu *stabilen Ergebnissen*. Vgl. hierzu das folgende Beispiel, mit a = 4.

$$A^1 = \begin{bmatrix} 1 & 2 & 4 \\ 1/2 & 1 & 3 \\ 1/4 & 1/3 & 1 \end{bmatrix}, \quad A^2 = \begin{bmatrix} 3 & 5\,1/3 & 14 \\ 1\,3/4 & 3 & 8 \\ 2/3 & 1\,1/6 & 3 \end{bmatrix}$$

$$A^3 = \begin{bmatrix} 9\,1/6 & 16 & 42 \\ 5\,1/4 & 9\,1/6 & 31 \\ 2 & 3\,1/2 & 9\,1/6 \end{bmatrix}$$

Die normalisierten Ergebnisse lauten wie folgt:

$$A^1 = \begin{bmatrix} 0.571 & 0.600 & 0.500 \\ 0.286 & 0.300 & 0.375 \\ 0.143 & 0.100 & 0.125 \end{bmatrix}, \quad A^2 = \begin{bmatrix} 0.554 & 0.561 & 0.560 \\ 0.323 & 0.316 & 0.320 \\ 0.123 & 0.123 & 0.120 \end{bmatrix}$$

$$A^3 = \begin{bmatrix} 0.558 & 0.558 & 0.559 \\ 0.320 & 0.320 & 0.319 \\ 0.122 & 0.122 & 0.122 \end{bmatrix}$$

Ein Vergleich mit den in Tabelle 48 ausgewiesenen Eigenvektoren zeigt, daß die in der Intensitätsinzidenz-Matrix A^3 ausgewiesenen Spaltenvektor-Werte auch dort auftreten.

Allgemein gilt, daß bei konsistenter Attributsevaluation bereits die normalisierte Intensitätsinzidenz-Matrix A^1 in allen Spalten gleichermaßen den für den AHP-Ansatz charakteristischen Eigenvektor zeigt. Bei nicht vollumfänglich konsistent aufgebauten Evaluationsmatrizen tritt der AHP-relevante *maximale Eigenvektor spaltenweise* erst *bei normalisierten Intensitätsinzidenz-Matrizen* höherer Ordnung in befriedigender Annäherung auf. Bei nur geringen Perturbationen kann k relativ niedrig gehalten werden [296, p. 852; 161, p. 1394].

452.3   Supermatrixverfahren

Eine auf den vorerwähnten Erkenntnissen aufbauende *Weiterentwicklung der AHP-Methodologie* stellt das *Supermatrixverfahren* dar [*325; 161*]. Es ist geeignet, Unzulänglichkeiten einer einseitigen - ausschließlich attributsbezogenen - Alternativenevaluation zu beheben und damit auch das Problem der Rangreversion einer Lösung zuzuführen.

Der Supermatrix-Ansatz geht dahin, die *Evaluationsmatrizen* so zu erweitern, daß in ihnen sowohl die Ergebnisse der - für das AHP-Basisverfahren charakteristische - *attributsbezogene Alternativenevaluation*, als auch - neu - der *alternativenbezogenen Attributsevaluation* ersichtlich sind. Vgl. Tabelle 50.

Tabelle 50. AHP-Supermatrix, Grundstruktur

	A-1 A-2 ... A-n	W-1 W-2 ... W-m
A-1 A-2 . . . A-n	0	Attributsgewichtung relativ zu Alternativen
W-1 W-2 . . . W-m	Alternativengewichtung relativ zu Attributen	0

Zunächst ist - dem AHP-Basisverfahren entsprechend - attributsorientiert eine Evaluationsmatrix zu erstellen. Die sich bei spaltenweiser Normierung dieser Matrix ergebenden Werte werden zum *Aufbau einer Supermatrix (super matrix) S* gemäß Tabelle 50 verwendet.

Zusätzlich ist - ausgehend von den einzelnen Alternativen - eine Attributsgewichtung vorzunehmen; die Ergebnisse sind in einer entsprechenden Matrix festzuhalten, zu normalisieren und in dieser Form strukturkonform zum weiteren Aufbau der Supermatrix gemäß Tabelle 50 zu benutzen.

Die restlichen Felder der Supermatrix bleiben unbesetzt (**0**).

Die so aufgebaute Supermatrix S kann als *Intensitätsinzidenz-Matrix* aufgefaßt und - vgl. Abschnitt 452.2 - entsprechend bearbeitet werden. Der dabei ablaufende Exponentiationsprozeß ist so lange fortzuführen, bis - *bei ungeradem k* - eine befriedigende *Stabilisierung* der Feldwerte von S^k erreicht ist.

Die Erstellung und Bearbeitung einer Supermatrix wird im folgenden anhand eines einfachen Beispiels [161, p. 1393-1998] aufgezeigt. Zunächst werden die in Abbildung 19 ausgewiesenen Ergebnisse der relativen Alternativen-/Attributsgewichtung in Matrixform dargestellt. Die beiden Evaluationsmatrizen dienen zum Aufbau der Supermatrix S^1 nach der in Tabelle 50 angegebenen Grundstruktur. Die sich bei Weiterbearbeitung von S^1 ergebende Intensitätsinzidenz-Matrix S^3 weist bereits voll stabilisierte Ergebnisse aus; sie sind aus Tabelle 51 ersichtlich.

Abbildung 19. Gerichteter Graph zu AHP-Supermatrix, Beispiel

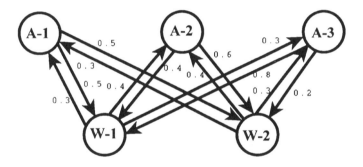

Tabelle 51. Supermatrixverfahren, Beispiel

Evaluationstabellen										
Alternativengewichtung relativ zu Attributen						Attributsgewichtung relativ zu Alternativen				
	A-1	A-2	A-3	Total	Durch-schnitt	Rang		W-1	W-2	Total	Durch-schnitt
W-1	0.5	0.4	0.8	1.7	0.57	1	A-1	0.3	0.3	0.6	0.30
W-2	0.5	0.6	0.2	1.3	0.43	2	A-2	0.4	0.4	0.8	0.40
							A-3	0.3	0.3	0.6	0.30
Total	1.0	1.0	1.0	2.0	1.00		Total	1.0	1.0	2.0	1.00

Supermatrix S^1						Supermatrix S^3					
	A-1	A-2	A-3	W-1	W-2		A-1	A-2	A-3	W-1	W-2
A-1	0	0	0	0.3	0.3	A-1	0	0	0	0.30	0.30
A-2	0	0	0	0.4	0.4	A-2	0	0	0	0.40	0.40
A-3	0	0	0	0.3	0.3	A-3	0	0	0	0.30	0.40
W-1	0.5	0.4	0.8	0	0	W-1	0.55	0.55	0.55	0	0
W-2	0.5	0.6	0.2	0	0	W-2	0.45	0.45	0.45	0	0
Total	1.0	1.0	1.0	1.0	1.0	Total	1.00	1.00	1.00	1.00	1.00

Aufgrund der gefundenen Resultate sind den beiden Alternativen W-1 und W-2 die Gewichte (0.55 ; 0.45) zuzuordnen.

Die gleichen Ergebnisse lassen sich - einfacher - nach dem *hierarchischen Kompositionsprinzip* (principle of hierarchic composition) ermitteln [308, p. 76-78]; es wird für jede Alternative aufgrund der aus S^1 ersichtlichen Vektoren der Alternativen- und Attributsgewichte das jeweilige Skalarprodukt gebildet.

Für die beiden Alternativen W-1 und W-2 gilt nach den aus Tabelle 51 ersichtlichen Daten

W-1: $(0.5)(0.3) + (0.4)(0.4) + (0.8)(0.3) = 0.55$
W-2: $(0.5)(0.3) + (0.6)(0.4) + (0.2)(0.3) = 0.45$

Bei mehrstufigen AHP-Analysen erweist sich die Supermatrix-Methode als recht schwerfällig. In der Literatur werden deshalb *einfachere Ansätze* zur Anwendung empfohlen (referenced AHP, linking pins). Diese Verfahren stehen zum computergestützten Einsatz noch nicht zur Verfügung [343, p. 128-130].

Literaturstudium

Die wichtigsten Beiträge und Diskussionen zu den AHP-Sonderfällen und -Varianten finden sich im Basistext und im Anhang des Lehrbuchs von T. L. Saaty [308].

5   AHP-Software

Die *AHP-Methode* ist *praktisch nur computergestützt einsetzbar*. Die Zahl der verfügbaren *Programme* ist zwar relativ klein, es liegen aber sehr leistungsfähige, allgemein
zugängliche, *Programmpakete* vor.

Die folgenden Ausführungen sind speziell auf diese Softwarepakete ausgerichtet; es
werden aber auch Hinweise auf Individualprogramme gemacht. Vgl. Abbildung 20.

Abbildung 20. AHP-Software

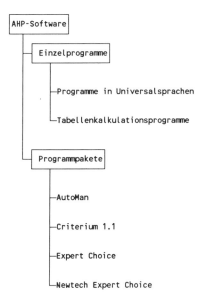

51   Einzelprogramme

Die aus der Literatur bekanntgewordenen *Einzelprogramme* sind primär für Instruk-
tionszwecke geeignet und sollen die AHP-spezifische Eigenvektorberechnung anhand
größerer Beispiele ermöglichen.

511   Programme in Universalsprachen

Die zur *einstufigen Attributsevaluation* konzipierten Programme vermitteln entweder nur die AHP-spezifischen Hauptergebnisse - Eigenvektor, CI- resp. CR-Koeffizienten - oder auch die zum Nachvollzug dieser Berechnungen relevanten Zwischenergebnisse.

Ein für derartige Berechnungen geeignetes BASIC-Programm vermittelt Weber [*414*, S. 54-55]

Zur *mehrstufigen Attributsevaluation* mit mitlaufender CI- und CR-Berechnung kann auf die von T. L. Saaty [*305*, p. 252-263] veröffentlichten BASIC-, FORTRAN- und APL-Programme zurückgegriffen werden; die Programme entsprechen aber bezüglich Struktur und Benutzerfreundlichkeit nicht modernen Anforderungen.

Besonders leistungsfähig ist ein in 1985 von J. Bard [*31*] für National Aeronautics and Space Administration (NASA) entwickeltes AHP BASIC-Programm. Es erlaubt die Problembearbeitung über 8 Hierarchiestufen mit bis zu 15 resp. 30 Attributen (factors), die in Siebenergruppen einzuteilen sind. Tabelle 52 zeigt die mit diesem Programm erzielbare Ergebnisdarstellung. Bearbeitet wird das in Abschnitt 432.4 angeführte Beispiel; die dort ausgewiesenen Ergebnisse werden bestätigt.

Tabelle 52. NASA AHP-Programm, Ergebnisdarstellung

```
                Comparison Matrix at Level 1 with respect to
                             CIM
      for the following Factors:
                     FACTOR 1 = Strukturfaktoren
                     FACTOR 2 = Prozeßfaktoren
                     FACTOR 3 = Kostenfaktoren
                     FACTOR 4 = Risikofaktoren

          1      2      3      4
      1  1.000  8.000  4.000  5.000
      2  0.125  1.000  0.500  0.250
      3  0.250  2.000  1.000  0.500
      4  0.200  4.000  2.000  1.000

                EIGENVECTOR = (0.624, 0.060, 0.120, 0.195)
                Lambda Max. = 4.107
                       C.I. = 0.036
                       C.R. = 0.040
```

```
                    GLOBAL PRIORITY VECTOR FOR LEVEL 2
                    **********************************


            No.  FACTOR                      GLOBAL PRIORITY
            ------------------------------------------------
             1   Strukturfaktoren                0.624
             2   Prozeßfaktoren                  0.060
             3   Kostenfaktoren                  0.120
             4   Risikofaktoren                  0.195


              Comparison Matrix at Level 2 with respect to
                          Strukturfaktoren
       for the following Factors in Group 1 ^]:
                        FACTOR 1 = Produktqualität
                        FACTOR 2 = Produktvariation
                        FACTOR 3 = Produktflexibilität


          1      2      3
    1   1.000  6.000  3.000
    2   0.167  1.000  0.333
    3   0.333  3.003  1.000


                    EIGENVECTOR = (0.655, 0.095, 0.250)
                    Lambda Max. =  3.018
                          C.I. =  0.009
                          C.R. =  0.016


              Comparison Matrix at Level 3 with respect to
                          Produktqualität
       for the following Factors:
                        FACTOR 1 = alt
                        FACTOR 2 = neu


          1      2
    1   1.000  0.500
    2   2.000  1.000


                    EIGENVECTOR = (0.333, 0.667)
                    Lambda Max. =  2.000
                          C.I. =  0.000
                          C.R. =  0.000


                         FINAL RESULTS FOR
                         -----------------


                               CIM


            NO.  ALTERNATIVE               WEIGHT   RANK
            ------------------------------------------------
             1   alt                        0.327     2
             2   neu                        0.673     1
```

512   Tabellenkalkulationsprogramme

Die AHP-spezifische Attributsevaluation läßt sich anhand von *Tabellenkalkulations-programmen* auch graphisch unterstützt darstellen. Ein entsprechendes - in Anleh-nung an J. P. Shim und D. L. Olson [*348*] für das *Tabellenkalkulationssystem Excel* entwickeltes - Programm zeigt Tabelle 53. Es ist auch die Bearbeitung von vier Attributen eingestellt, läßt sich aber leicht für andere Problemstrukturen adaptieren. Tabelle 54 zeigt die Art der Ergebnisdarstellung, wobei speziell auf die informativen Balken- und Kreisdiagramme zu verweisen ist; die bearbeiteten Basisdaten stammen aus Tabelle 37.

Tabelle 53. Tabellenkalkulationsprogramm, Struktur

Faktoren	A1	A2	A3	A4
A1 Strukturfaktoren	1,000			
A2 Prozeßfaktoren	=1/D4	1,000		
A3 Kostenfaktoren	=1/E4	=1/E5	1,000	
A4 Risikofaktoren	=1/F4	=1/F5	=1/F6	1,000
Spaltensumme	=SUMME(C4:C7)	=SUMME(D4:D7)	=SUMME(E4:E7)	=SUMME(F4:F7)

Faktoren	A1	A2	A3	A4
A1 Strukturfaktoren	=C4/C8	=D4/D8	=E4/E8	=F4/F8
A2 Prozeßfaktoren	=C5/C8	=D5/D8	=E5/E8	=F5/F8
A3 Kostenfaktoren	=C6/C8	=D6/D8	=E6/E8	=F6/F8
A4 Risikofaktoren	=C7/C8	=D7/D8	=E7/E8	=F7/F8
Spaltensumme	=SUMME(C13:C16)	=SUMME(D13:D16)	=SUMME(E13:E16)	=SUMME(F13:F16)

Faktoren	Zeilensumme	Gewichte
A1 Strukturfaktoren	=SUMME(C13:F13)	=G13/G17
A2 Prozeßfaktoren	=SUMME(C14:F14)	=G14/G17
A3 Kostenfaktoren	=SUMME(C15:F15)	=G15/G17
A4 Risikofaktoren	=SUMME(C16:F16)	=G16/G17
Spaltensumme	=SUMME(G13:G16)	=G17/G17

Tabelle 54. Tabellenkalkulationsprogramm, Ergebnisdarstellung

Faktoren	A1	A2	A3	A4
A1 Strukturfaktoren	1,000	8,000	4,000	5,000
A2 Prozeßfaktoren	0,125	1,000	0,500	0,250
A3 Kostenfaktoren	0,250	2,000	1,000	0,500
A4 Risikofaktoren	0,200	4,000	2,000	1,000
Spaltensumme	1,575	15,000	7,500	6,750

Faktoren	A1	A2	A3	A4	Zeilen-summe	Gewichte
A1 Strukturfaktoren	0,635	0,533	0,533	0,741	2,442	0,611
A2 Prozeßfaktoren	0,079	0,067	0,067	0,037	0,250	0,062
A3 Kostenfaktoren	0,159	0,133	0,133	0,074	0,499	0,125
A4 Risikofaktoren	0,127	0,267	0,267	0,148	0,808	0,202
Spaltensumme	1,000	1,000	1,000	1,000	4,000	1,000

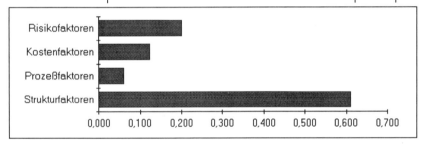

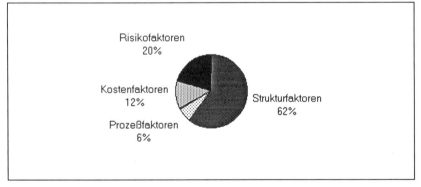

52   Programmpakete

Vier zum *professionellen AHP-Einsatz* geeignete Programmpakete werden im folgenden vorgestellt. Vgl. Tabelle 55.

Tabelle 55. AHP-Programmpakete

Bezeichnung	Handbücher	Minimale Computer-konfiguration	Bezugsadresse
AutoMan	Weber (1989)	MS-DOS 2.1, 512 KB RAM 1 Diskettenlaufwerk	U.S. Department of Commerce, National Institute of Standards and Technology, Quince Orchard Road, Gaithersburg, MD 20899
Criterium 1.1	Sygenex Inc. (1989)	MS-Dos 2.1, 512 kb RAM 2 Diskettenlaufwerke oder 1 Diskettenlaufwerk und Festplatte	Sygenex Inc. 15446 Bel-Red Road, Suite 450 Redmond, WA 98052
Expert Choice	Expert Choice, Inc. (1991)	V E R S I O N 7.1 MD-DOS 2.1, 400 KB RAM 2 Diskettenlaufwerke (3 1/2 ") oder 1 Diskettenlaufwerk (5 1/4" oder 3 1/2 ") und Festplatte Graphikadapter für Sensitivitätsanalyse	Expert Choice, Inc., 4922 Ellsworth Avenue, Pittsburgh, PA 15213
	Expert Choice, Inc. (1992)	V E R S I O N 8.0 MS-DOS 5.0, 640 KB RAM	
Newtech Expert Choice	Expert Choice, Inc. (1991)	MS-DOS 3.2, sonst wie Expert Choice	

521   AutoMan

Das Programmpaket *AutoMan (Decision Support Software for Automated Manufacturing Investments)* ist nicht nur zur Analyse von Investitionsprojekten, sondern generell zur AHP-gestützten Bearbeitung multikriterieller Entscheidungsprobleme geeignet. Dies unter der Voraussetzung, daß die in eine Rangordnung zu bringenden Alternativen sich gegenseitig ausschließen oder jedenfalls voneinander unabhängig sind.

AutoMan umfaßt *vier Module*, die dem in Abschnitt 41 beschriebenen *AHP-Ablauf* entsprechen.

Die erste Arbeitsphase besteht in der *Modellbildung/-Selektion*. Falls nicht auf ein bereits vorliegendes Modell zurückgegriffen werden kann, sind für das neu zu bearbeitende AHP-Projekt die Evaluationskriterien festzulegen und in eine logisch vertretbare Baumstruktur zu bringen.

Die zur AHP-Analyse relevanten Kriterien können in zwei Stufen eingeteilt werden; zulässig sind maximal *sieben Hauptkriterien* (catagories), die ihrerseits wiederum bis zu maximal *sieben Subkriterien* (evaluation criteria) umfassen können. Vgl. Abbildung 21; der Bildschirmausschnitt bezieht sich auf das in Abschnitt 432.4 diskutierte Beispiel.

Mit AutoMan können maximal *sieben Alternativen* simultan bearbeitet werden. Falls die Gesamtzahl der in den Evaluationsprozeß einzubeziehenden Alternativen größer ist, sind zunächst - gut durchgemischt - *Siebenergruppen* zu bilden und separat auszuwerten; anschließend ist aus den höchstrangierten Gruppenalternativen die Endauswahl zu treffen.

Abbildung 21. AutoMan, Modellbildung

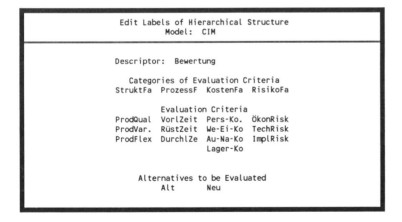

Die zweite Arbeitsphase besteht in der *Attributsevaluation*. Es sind - dem AHP-Ansatz entsprechend - insgesamt n(n - 1)/2 direkte paarweise Vergleiche vorzunehmen. Die Gewichtung muß in den Grenzen (0.100; 9.900) - und zeilenweise - erfolgen; vgl. Abbildung 22.

Abbildung 22. AutoMan, paarweiser Attributsvergleich

```
              Recording Pairwise Comparisons between Categories
                            Model:  CIM


          StruktFa  ProzessF  KostenFa  RisikoFa
StruktFa            8.000     4.000     5.000
ProzessF                      0.500     0.250
KostenFa                                0.500
RisikoFa

          StruktFa  ProzessF  KostenFa  RisikoFa
Weights   0.624     0.060     0.120     0.195

Inconsistency Ratio  0.040    [Less than 0.100.  Comparisons OK!]
```

AutoMan berechnet auch die *CI-Ratio*; bei Überschreitung des Grenzwertes von 0.100 wird automatisch eine Wiederholung des paarweisen Attributsvergleichs verlangt. Die CR-Ratio wird nicht berechnet.

In der dritten Arbeitsphase erfolgt die *Alternativengewichtung*. Dabei kann entweder mit aktuellen Daten (performance data) oder - falls solche nicht beschaffbar/verwendbar sind - mit *Vergleichsindizes* (rating) gearbeitet werden. Vgl. Abbildung 23.

Abbildung 23. AutoMan, Alternativengewichtung

```
Model: CIM--Bewertung

Ranking of Alternatives by Overall Rating


RANK  ALTERNATIVE  RATING

 1    Neu          0.673   !!!!!!!!!!!!!!!!!!!!!!!!!!!!!!!!!!!!!!!!!!!!!!!!!!!!!!!!!!

 2    Alt          0.326   !!!!!!!!!!!!!!!!!!!!!!!!!!!!!!
```

```
Model:  CIM--Bewertung

Model Structure, Weights, Shares, and Inconsistency Ratios
                                                               RATING
CATEGORY                │ CRITERION    WEIGHT     SHARE    INCONSISTENCY
-----------------------------------------------------------------------
STRUKTFA                  ProdQual     0.655     0.409        0.000
                        │ ProdVar.     0.095     0.059        0.000
Weight = 0.624          │ ProdFlex     0.250     0.156        0.000
Inconsistency = 0.016   │


PROZESSF                  VorlZeit     0.168     0.010        0.000
                        │ RstZeit      0.096     0.006        0.000
Weight = 0.060          │ DurchlZe     0.735     0.044        0.000
Inconsistency = 0.016   │


KOSTENFA                  Pers-Ko.     0.217     0.026        0.000
                        │ We-Ei-Ko     0.074     0.009        0.000
Weight = 0.120          │ Au-Na-Ko     0.112     0.013        0.000
Inconsistency = 0.036   │ Lager-Ko     0.597     0.072        0.000


RISIKOFA                  ÖkonRisk     0.540     0.105        0.000
                        │ TechRisk     0.297     0.058        0.000
Weight = 0.195          │ ImplRisk     0.163     0.032        0.000
Inconsistency = 0.008   │



   [Inconsistency of pairwise comparisons between categories = 0.040]
-----------------------------------------------------------------------


Ratings by Criterion and Overall Ratings of Alternatives

CATEGORY:                        RATINGS
   CRITERION  Alt     Neu
-----------------------------------------------------------------------
1: ProdQual   0.333   0.667
1: ProdVar.   0.200   0.800
1: ProdFlex   0.250   0.750
2: VorlZeit   0.333   0.667
2: RüstZeit   0.286   0.714
2: DurchlZe   0.333   0.667
3: Pers-Ko.   0.333   0.667
3: We-Ei-Ko   0.222   0.778
3: Au-Na-Ko   0.250   0.750
3: Lager-Ko   0.092   0.908
4: ÖkonRisk   0.333   0.667
4: TechRisk   0.667   0.333
4: ImplRisk   0.800   0.200
   OVERALL
   RATING     0.326   0.673
```

In der vierten Phase erfolgt die *Gesamteinstufung der untersuchten Alternativen*; diese werden in *Rangordnung* aufgelistet, wobei auch die Gesamtgewichte angegeben und durch ein Balkendiagramm optisch leicht erfaßbar dargestellt werden. Vgl. Abbildung 24.

Abbildung 24. AutoMan, Alternativeneinstufung

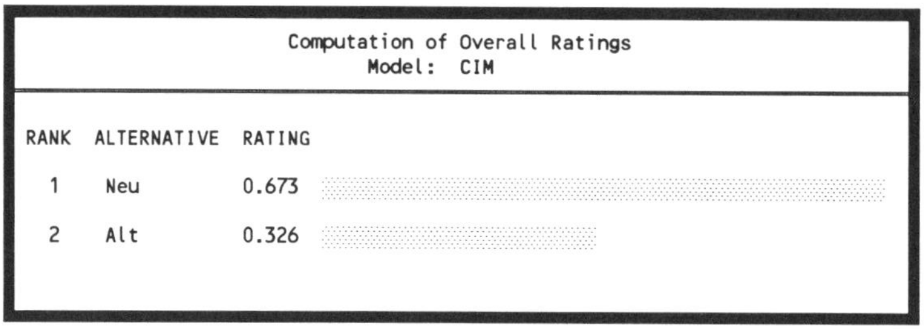

```
                    Computation of Overall Ratings
                           Model:  CIM


   RANK  ALTERNATIVE  RATING

     1      Neu         0.673  ............................................
     2      Alt         0.326  ...........................
```

522   Expert Choice

Expert Choice ist ein höchst leistungsfähiges AHP-Programmpaket. Es folgt in seiner Grundkonzeption klar dem für hierarchisch additive Gewichtungsverfahren charakteristischen *Phasenschema*; vgl. Abbildung 9.

In den EC-Handbüchern wird die Bedeutung der *Projektierungsphase* stark hervorgehoben. Bemerkenswert ist der Hinweis, daß grundsätzlich nur wichtige und komplex strukturierte Probleme EC-gestützt bearbeitet werden sollten [109, p. 22]. Außerdem ist auf eine klare Vorgabe der *Untersuchungsziele* (MUST objectives) hinzuarbeiten.

Im Rahmen der Problembearbeitungsphase sind grundsätzlich nur *zielkonforme Alternativen* mitzuberücksichtigen; "infeasible alternatives" sind zu eliminieren. Dieser Selektionsprozeß kann durch den Einsatz von Entscheidungstabellen - computergestützt unter Verwendung von Tabellenkalkulationssystemen - erleichtert werden.

Die *Attributsselektion* ist den allgemeinen AHP-Konzepten entsprechend vorzunehmen. Die *Attributseinstufung* kann in maximal 5 Hierarchieebenen erfolgen; auf der Stufe 0 wird das Untersuchungsziel (goal node) verankert.

Die *Attributsumschreibung* ist auf 8 Zeichen zu beschränken; die gewählten Kürzel können aber - zur Bildschirm-/Ausdruckskommentierung - noch zusätzlich in *Langform* ausgewiesen werden. Vgl. Abbildung 25; aus dieser standardmäßigen Darstellung wird die Attributsstuktur klar ersichtlich.

Abbildung 25. Expert Choice, Attributsstuktur

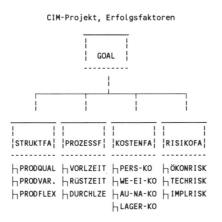

```
AU-NA-KO --- Ausschuß-/Nacharbeitskosten    DURCHLZE --- Durchlaufzeit
IMPLRISK --- Implementationsrisiko           KOSTENFA --- Kostenfaktoren
LAGER-KO --- Lagerkosten                     PERS-KO  --- Personalkosten
PRODFLEX --- Produktflexibilität             PRODQUAL --- Produktqualität
PRODVAR. --- Produktvariation                PROZESSF --- Prozessfaktoren
RISIKOFA --- Risikofaktoren                  RÜSTZEIT --- Rüstzeit
STRUKTFA --- Strukturfaktoren                TECHRISK --- Technologisches Risiko
VORLZEIT --- Vorlaufzeit                      WE-EI-KO --- Werkzeug-/Einrichtungskosten
ÖKONRISK --- Ökonomisches Risiko
```

Zu beachten ist, daß die Zahl der auf einer *Hierarchiestufe* unterzubringenden *Attribute* auf sieben beschränkt ist.

Die *Attributsgewichtung* erfolgt stufenweise. Dabei können *paarweise Vergleiche* verbal oder numerisch vorgenommen werden. Zusätzlich wird auch noch ein graphischer Vergleichsmodus angeboten.

Nach dem *verbalen Vergleichsmodus* (verbal comparison mode) kann zwischen fünf explizit angegebenen Vergleichsattributen und beliebigen - durch entsprechende

Zeigerstellungen zu vermerkende - Zwischenpositionen gewählt werden; vgl. Abbildung 26.

Abbildung 26. Expert Choice, verbaler Vergleichsmodus

```
              GOAL: CIM-Projekt, Erfolgsfaktoren


                        With respect to
                            GOAL

STRUKTFA :Strukturfaktoren
   is VERY STRONG to EXTREMELY more IMPORTANT  than
PROZESSF :Prozessfaktoren


        | ---------------------------------- |
        | EXTREME-----------                 |
        |                          <--        |
        | VERY STRONG-------                 |
        |                                    |
        | STRONG-----------                  |
        |                                    |
        | MODERATE---------                  |
        |                                    |
        | EQUAL------------                  |
        | ---------------------------------- |
```

Für den *numerischen Vergleichsmodus* (numerical comparison mode) sind *Skalenwerte* im Bereich *(1.000; 9.900)* vorgesehen; *Zwischenwerte* in Stufen von 0.100 sind ebenfalls zulässig. EC bietet auch die Möglichkeit zur automatischen Wertinversion; zudem werden - vgl. Abbildung 27 - fünf numerische Vergleichswerte auch verbal umschrieben. Falls Attributsvergleiche unter relativ großer Ungewißheit vorzunehmen sind, kann mit *Schätzwerten* - durch Angabe der "likelihood" - gearbeitet werden.

Durch den *graphischen Vergleichsmodus* (graphical comparison mode) sollen tentative Schätzwerte visualisiert und dadurch leichter (verbal/numerisch) finalisierbar gemacht werden. Wahlweise kann mit *Kreis- und/oder Balkendiagrammen* gearbeitet werden.

Abbildung 27. Expert Choice, numerischer Vergleichsmodus

```
                    JUDGMENTS WITH RESPECT TO
                              GOAL

          STRUKTFA  PROZESSF  KOSTENFA  RISIKOFA
STRUKTFA              8.0       4.0       5.0
PROZESSF                      ( 2.0)    ( 4.0)
KOSTENFA                                ( 2.0)
RISIKOFA

Matrix entry indicates that ROW element is ___
  1 EQUALLY  3 MODERATELY  5 STRONGLY  7 VERY STRONGLY  9 EXTREMELY
more IMPORTANT than COLUMN element unless enclosed in parenthesis.
```

Abbildung 28. Expert Choice, graphischer Vergleichsmodus

Neben den vorerwähnten Vergleichstypen bietet EC auch die Möglichkeit zur Alternativenbeurteilung nach dem *Festwertverfahren* (absolute comparison mode).

Weiterhin soll dem EC-Benutzer die Attributsevaluation durch *What-If-Abfragen* und *Spezialanweisungen* (direct data entry mode) erleichtert werden.

Die *integrative Attributsgewichtung* erfolgt nach dem AHP-Basisverfahren; das Super-matrix-Verfahren ist nicht verfügbar.

Die Ergebnisdarstellung kann wahlweise in *Baumstruktur* oder in Tabellenform erfol-gen. Nach der ersten Art lassen sich maximal *drei Hierarchiestufen* ausführlich - mit Beschriftung der Attribute und Angabe der Evaluationsergebnisse - darstellen; die übrigen Stufen werden nur *skelettartig* aufgezeigt. Der für eine derartige Darstellung relevante Anker (central node) kann beliebig gewählt werden; vgl. Abbildung 29.

Abbildung 29. Expert Choice, Baumstruktur

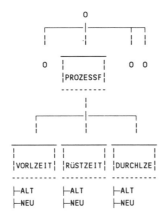

```
ALT       --- Alt
DURCHLZE --- Durchlaufzeit
NEU       --- Neu
PROZESSF --- Prozessfaktoren
RüSTZEIT --- Rüstzeit
VORLZEIT --- Vorlaufzeit
```

Die *tabellarischen Gesamtauswertungen* werden auch graphisch untermauert; außer-dem wird die IC-Ratio ausgewiesen. Vgl. Abbildung 30.

Abbildung 30. Expert Choice, tabellarische Gesamtauswertung

```
                        CIM-Projekt, Erfolgsfaktoren

                              | GOAL |
                              |      |
                              | L 1.000|
                              | G 1.000|
                              ----------
                                  |
              ┌───────────┬───────┴───────┬───────────┐
              |           |               |           |

        |STRUKTFA|   |PROZESSF|    |KOSTENFA|   |RISIKOFA|
        |        |   |        |    |        |   |        |
        | L 0.624|   | L 0.060|    | L 0.120|   | L 0.195|
        | G 0.624|   | G 0.060|    | G 0.120|   | G 0.195|
        ----------   ----------    ----------   ----------

        ┤ PRODQUAL  ┤ VORLZEIT  ┤ PERS-KO   ┤ ÖKONRISK
        | L 0.655   | L 0.168   | L 0.217   | L 0.540
        | G 0.409   | G 0.010   | G 0.026   | G 0.105
        ┤ PRODVAR.  ┤ RÜSTZEIT  ┤ WE-EI-KO  ┤ TECHRISK
        | L 0.095   | L 0.096   | L 0.074   | L 0.297
        | G 0.060   | G 0.006   | G 0.009   | G 0.058
        ┤ PRODFLEX  ┤ DURCHLZE  ┤ AU-NA-KO  ┤ IMPLRISK
        | L 0.250   | L 0.736   | L 0.112   | L 0.163
        | G 0.156   | G 0.044   | G 0.013   | G 0.032
                               ┤ LAGER-KO
                               | L 0.597
                               | G 0.072

L = Local
G = Global
```

Bezüglich der *Ergebnisauswertung* ist vor allem die Möglichkeit zur Durchführung von *Sensitivitätsanalysen* hervorzuheben. Beispiele hierzu finden sich in Kapitel 6.

Die vorigen Ausführungen beziehen sich auf Expert Choice Version 7.1; die Version 8.0 läßt auch dynamische Sensitivitätsanalysen, 2-D Graphiken zu.

Neben der für das AHP-Standardverfahren typischen *Alternativengewichtung* (distributive mode) bietet EC 8.0 auch die Möglichkeit zur vollen Zuordnung der auf der niedrigsten Hierarchiestufe ausgewiesenen Endgewichte (global priorities) an die bezüglich der einzelnen Attribute jeweils höchsteingestufte Alternative, mit entsprechender Umrechnung der den übrigen Alternativen zuzuordnenden Werte (ideal mode). Das letzterwähnte Verfahren wird dann benutzt, wenn keine Resourcenknappheit besteht (unlimited resources). Die so berechneten Werte werden schließlich noch normalisiert, so daß deren Summe durchwegs Eins ist [*112*, p. 86-91].

523   Newtech Expert Choice

Newtech Expert Choice stellt ein - gegenüber der EC-Originalversion stark getrimmtes - Softwarepaket zur Evaluation von *Investitionsprojekten* dar, wobei die potentiell zu berücksichtigenden Evaluationskriterien fest vorgegeben sind. NT EC ist speziell zur Evaluation der mit dem Einsatz neuer technologischer Systeme verbundenen Auswirkungen in sieben Kernbereichen einer Unternehmung ausgelegt.

Insgesamt stehen auf der niedrigsten - dritten resp. vierten - Hierarchieebene *109 Attribute* zur Projektevaluation zur Verfügung; bei praktischen Analysen sind nicht alle mitzuberücksichtigen.

Abbildung 31 vermittelt einen knappen Überblick über die Gesamtstruktur der zur Beurteilung NT-orientierter Investitionsprojekte. Dabei ist die strikte Einhaltung der Siebenergruppierung zu beachten. Zudem führen nach der Top-down-Analyse alle - auf der obersten Hierarchiestufe (0 = goal) verankerten - Pfade auch bei unterschiedlicher Tiefengliederung letztlich immer zu den Entscheidungsalternativen (new technology/no change); dies trifft auch für die in Abbildung 32 für einen Teilbereich dargestellten Beziehungsstrukturen zu.

Abbildung 31. Newtech Expert Choice, Hierarchiestufe 1

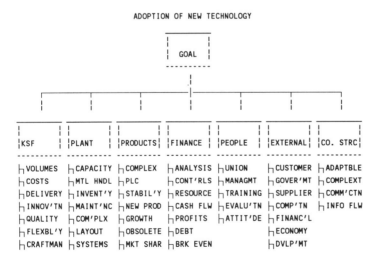

Abbildung 32. Newtech Expert Choice, nachgeordnete Hierarchiestufen

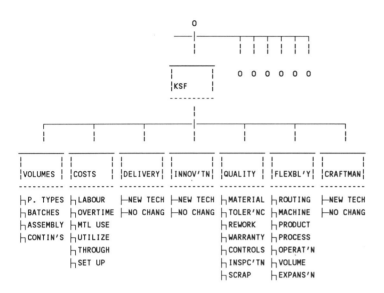

Ein Hauptvorteil von NT EC gegenüber der EC-Originalversion besteht darin, daß die zur Projektevaluation potentiell relevanten Kriterien fest vorgegeben und im *Benutzerhandbuch* klar umschrieben sind. Dagegen sind die - sehr allgemein gehaltenen - Hinweise auf potentielle Auswirkungen veränderter Technologien für den Praktiker kaum von Relevanz.

524   Criterium 1.1

Criterium 1.1 weist im Vergleich zu AutoMan und Expert Choice etliche *Besonderheiten* auf.

Die AHP-Analyse erfolgt nach dem Top-Down-Verfahren mit um 45° gedrehter *Baumstruktur*. Dadurch muß die Zahl der in eine Hierarchiestufe integrierbaren Kriterien nicht (auf sieben) begrenzt bleiben; auch bezüglich der Zahl der Hierarchiestufen bestehen keine programmbedingten Limiten. Vgl. Abbildung 33.

Die *Attributsvergleiche* können verbal, numerisch oder graphisch erfolgen. Neben der üblichen (0-9)-Skala kann mit (0-10)-, (0-100)-, (min-max)-, (min-100)-, (0-max)- und anderen frei gewählten *Skalen* gearbeitet werden. Vgl. Abbildung 34.

Ungünstig ist die (vom Benutzer zwar teilweise steuerbare) extrem papierverbrauchen-de *Ergebnisdarstellung*; Bemerkenswert ist andererseits die Möglichkeit zum Daten-export in Tabellenkalkulationssysteme (Lotus 1-2-3, Excel).

Abbildung 33. Criterium 1.1, Baumstruktur

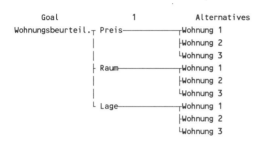

```
        Goal                 1              Alternatives
Wohnungsbeurteil.┬ Preis──────────────┬Wohnung 1
                 │                     ├Wohnung 2
                 │                     └Wohnung 3
                 ├ Raum───────────────┬Wohnung 1
                 │                     ├Wohnung 2
                 │                     └Wohnung 3
                 └ Lage───────────────┬Wohnung 1
                                      ├Wohnung 2
                                      └Wohnung 3
```

Abbildung 34. Criterium 1.1, Vergleichsmodi und -Skalen

```
┌─────────────────────────────────────────────────────┐
│ With respect to  Wohnungsbeurteil., on a scale measuring │
│ preference,  Raum rates definitely better than  Preis │
│                                                       │
│         equal        Raum    definitely  Preis        │
│         barely       Preis        barely Lage         │
│         weakly       Raum    definitely  Lage         │
│     moderately                                        │
│     definitely                                        │
│       strongly                                        │
│  very strongly                                        │
│     critically                                        │
│     absolutely                                        │
└─Full Verbal Pairwise Comparisons─────────────────────┘
```

```
┌─────────────────────────────────────────────────────┐
│ With respect to  Wohnungsbeurteil., on a scale measuring │
│ preference from 1-9,  Raum rates better than  Preis by a │
│ score of  5.00.                                       │
│        Item  Score    Raum    Lage                    │
│       Preis  0.18    -5.00    2.00                    │
│       Raum   0.71      -      5.00                    │
│       Lage   0.11      -       -                      │
└─Full Numeric Pairwise Comparisons────────────────────┘
```
Values from 1.01 to 9.0 rate the left item better than the top item. Values from -9.0 to -1.01 rate the top item better.

```
Move the points on each line toward the item which rates
higher with respect to  Wohnungsbeurteil. on a scale
measuring preference
            Preis ————————|—[^D]——— Raum
            Preis ————————^D-|——————— Lage
            Raum ————^D—|——————— Lage
```
Full Graphic Pairwise Comparisons

```
With respect to  Wohnungsbeurteil., on a scale measuring
preference from 1-9,  Raum rates better than  Preis by a
score of  5.00.
            Item  Score   Raum    Lage
            Preis  0.18  -5.00    2.00
            Raum   0.71     -     5.00
            Lage   0.11     -        -
```

```
Rank Order                  First to      Last
Percent                     0.00 to    100.00
0 - 10                      0.00 to     10.00
Probability                 0.00 to      1.00
1                          -9.00 to      9.00
<create new scale>
```

6   AHP-Praxis

Über den *Einsatz der AHP-Methodologie* liegen zahlreiche Berichte vor. Sie verdeutlichen die fast universelle Benutzbarkeit des AHP-Ansatzes in der Praxis; zudem wird auch die *Leistungsfähigkeit der verfügbaren Spezialsoftware* aufgezeigt.

Im folgenden werden zunächst einige betriebs-/volkswirtschaftlich orientierte Beispiele unterschiedlichen Komplexitätsgrades diskutiert. Ein zusätzliches Beispiel betrifft den AHP-Einsatz im politischen Bereich.

Die *Beispielbearbeitung* erfolgt meist *computergestützt*; dabei wird auch eine möglichst gute Ausnutzung der einzelnen Softwarepakete - etwa in Bezug auf Sensititivitätsanalysen - Wert gelegt. Aus Platzgründen wird bei fast allen Bespielen auf eine vollständige Wiedergabe der Auswertungstabellen verzichtet.

Dem Leser wird auch die Durcharbeitung weiterer - aus der Literatur bekanntgewordenen - Praxisbeispiele empfohlen. Zur Selektion geeigneter Fallstudien kann auf die in das Kapitel aufgenommenen Tabellen zurückgegriffen werden. Diese synoptischen Übersichten orientieren zudem über die wichtigsten Beiträge zur AHP-Theorie, -Kritik und -Weiterentwicklung.

61   AHP-Beispiele

611   Betriebswirtschaftliche Einsatzbereiche

Die AHP-Analyse kann im *betriebswirtschaftlichen Bereich* in vielfältiger Weise eingesetzt werden. Die folgenden Beispiele sind in ihrer Grundstruktur leicht erfaßbar und werden bezüglich ihrer betriebswirtschaftlichen Grundlagen nicht weiter diskutiert; auch die mit der Datenerfassung und -Aufbereitung verbundenen Probleme bleiben unberücksichtigt.

611.1   Absatzwirtschaft

Die *Werbeträgerauswahl* nimmt im Kommunikations-Submix-Bereich eine heraus-
ragende Stellung ein. Dies trifft auch für die Selektion von Zeitungen und *Zeitschriften
als Werbeträger* zu; durch die in ihnen placierten Anzeigen sollen Werbebotschaften
an die Zielgruppen herangeführt werden.

Abbildung 35. AHP-Methoden, Mediaselektion

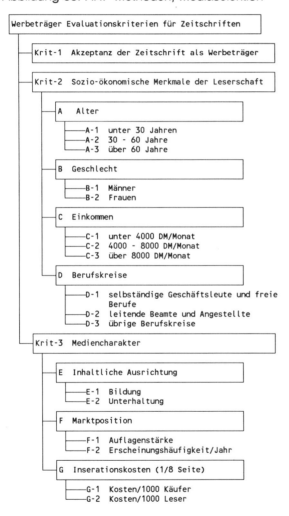

Zur Mediaselektion kann auch der AHP-Ansatz benutzt werden; dies wird im folgenden anhand eines einfachen, auf Inserationsmedien beschränkten Beispiels gezeigt.

Abbildung 35 orientiert über die in die Analyse einbezogenen Evaluationskriterien.
Abbildung 36 zeigt die wichtigsten Analysenergebnisse, unter Zugrundelegung der
aus Tabelle 56 ersichtlichen Basisdaten.

Tabelle 56. Mediaselektion, Basisdaten

Kriteriengewichtung durch Experten				Kenngrößen für Inserationsmedien Z-1 und Z-2		
Krit-1 Akzeptanz (30 %) (0-9)-Skala					Z-1 hoch	Z-2 sehr hoch
Krit-2 Sozio-ökonomische Merkmale (40 %)						
Alter (15 %)	A-1	A-2	A-3	Altersstruktur	Z-1	Z-2
A-1 A-2	1	1/10 1	1/5 2	A-1 A-2	20 % 40 %	30 % 40 %
Geschlecht (20 %)	B-1	B-2		Geschlechts- struktur	Z-1	Z-2
B-1	1	3		B-1	70 %	60 %
Einkommen (35 %)	C-1	C-2	C-3	Einkommens- struktur	Z-1	Z-2
C-1 C-2	1	1/5 1	1/3 2	C-1 C-2	30 % 40 %	40 % 40 %
Berufskreise (30 %)	D-1	D-2	D-3	Berufsstruktur	Z-1	Z-2
D-1 D-2	1	4 1	5 2	D-1 D-2	30 % 20 %	30 % 30 %
Krit-3 Mediencharakter (30 %)						
Ausrichtung (70 %)	E-1	E-2		Inhaltsstruktur	Z-1	Z-2
E-1	1	6		E-1	70 %	60 %
Marktposition (20%)	F-1	F-2		Markstellung	Z-1	Z-2
F-1 F-2	1	6 1		F-1 F-2	10000 24	30000 52
Inserations- kosten (10 %)	G-1	G-2		Kostenstrukturen	Z-1	Z-2
G-1 G-2	1	1/5 1		G-1 G-2	1000 500	500 100

Abbildung 36. AHP-Ergebnisse, Mediaselektion

```
                    Ratings of Alternatives from Mediaselektion

        Alternative              Result
        ==================       ====================================
        Z-2                    ¦ XXXXXXXXXXXXXXX  51.45
                               ¦
                               ¦
        Z-1                    ¦ XXXXXXXXXXXXXXX  48.55
                               ¦



                                Criteria Summary

        CRITERIA BLOCK: Mediaselektion

        Rank    Score   Block Name
        ====    ======= =======================================
          1     40.00%  Krit-2
          2     30.00%  Krit-1
          2     30.00%  Krit-3

            CRITERIA BLOCK: Krit-3

        Rank    Score   Block Name
        ====    ======= =======================================
          1     70.00%  E
          2     20.00%  F
          3     10.00%  G



        CRITERIA BLOCK: G-1

        Rank    Score   Block Name
        ====    ======= =======================================
          1     63.04%  Z-2
          2     36.96%  Z-1
```

Verwendete Software: Criterium 1.1

611.2   Personalwirtschaft

Auch auf dem Gebiet der *Personalwirtschaft* kann die AHP-Methode - etwa zur *systematischen Arbeitsbewertung* - eingesetzt werden. Vgl. hierzu Abbildung 37; die dort angeführten *Kriterien* sind speziell zur Arbeitsbewertung für *Angestellte und Arbeiter* geeignet [47].

Abbildung 37. AHP-Methode, Arbeitsbewertung

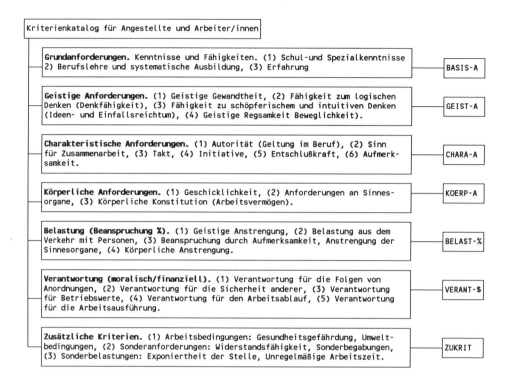

Die Kriterienevaluation wird am dann wesentlich erleichtert, wenn auf sorgfältig formu-
lierte, praxisbezogene Definitionen zurückgegriffen werden kann. Beispiele für derartige Umschreibungen sind aus Tabelle 57 ersichtlich.

Tabelle 57. Arbeitsbewertung, Beispiele zur Kriterienumschreibung

```
Schul- und Spezialkenntnisse: Unter "Schul- und Spezialkenntnissen" werden die zur Ausführung der
Arbeitstätigkeit unbedingt notwendigen Schulkenntnisse bewertet. Als Maß der Ausbildung dient die
Anzahl Schuljahre, die notwendig sind zur Erwerbung der verlangten Kenntnisse.

Berufslehre und systematische Ausbildung: Unter "Berufslehre und systematische Ausbildung" werden
die Kenntnisse und Fähigkeiten bewertet, welche durch eine anerkannte Berufslehre oder eine andere
systematische Ausbildung vermittelt werden. Als Maßgröße dient die Dauer der Ausbildungszeit.

Erfahrung: Unter "Erfahrung" werden diejenigen Kenntnisse bewertet, die man bei der Berufstätigkeit
erwirbt. Als Maßgröße dient die Erfahrungsdauer.

Geistige Gewandtheit: Unter "Geistiger Gewandtheit" versteht man die Fähigkeit, Gedanken in mündli-
cher und schriftlicher Form klar, eindeutig und verständlich darzulegen.

Autorität: Unter "Autorität" versteht man die charakterlichen (und geistigen) Anlagen, welche die
freiwillige Gefolgschaft bei der Lösung der Betriebsaufgabe bewirken.

Geschicklichkeit: Unter "Geschicklichkeit" wird das Ausmaß an allgemeiner körperlicher Geschick-
lichkeit oder an Handfertigkeit, die zur richtigen Ausführung der Arbeit notwendig sind, bewertet.

Belastung aus dem Verkehr mit Personen: Unter "Verkehr mit Personen" werden die Belastung von Vor-
gesetzten sowie von Ausführenden mit Anordnungsbefugnissen durch den Umgang mit anderen Personen
jeder Stellung im Betrieb und die Belastung durch den Umgang mit außenstehenden Personen in dienst-
lichen Angelegenheiten bewertet."

Quelle: Bloch (1959)
```

Zur korrekten und vollständigen Umschreibung aller vorkommenden Stellen werden *kaum jemals alle 31 Merkmale benötigt.* "Es wird vielmehr empfohlen, bei Einführung einer Arbeitsbewertung nur die notwendigen Merkmale aus dem Katalog auszuwählen, d.h. den Katalog zu reduzieren und zu vereinfachen. Zu beachten ist immerhin, daß man *nicht unter 7 Merkmale gehen* soll, weil sonst die Verhaltnisse zu stark verzerrt werden können. Die Zahl 7 ist das Ergebnis amerikanischer Untersuchungen." [*47* S. 60-61].

Abbildung 38 zeigt den AHP-Einsatz zur Evaluation der Hauptkriterien; die Ergebnisse liegen im Rahmen der aus der Praxis der Arbeitsbewertung bekannten Richtsätze [*47*, S. 70]:

- Grundanforderungen	15 % (± 5 %)
- Geistige und charakteristische Anforderungen	35 % (± 10 %)
- Körperliche Anforderungen	5 % (± 5 %)
- Beanspruchung	15 % (± 5 %)
- Verantwortung	20 % (± 5 %)
- Arbeitsbedingungen	10 % (± 5 %)

Abbildung 38. AHP-Ergebnisse, Arbeitsbewertung

```
                              Arbeitsbewertung
                           ┌─────────────┐
                           ¦   GOAL   ¦
                           ¦          ¦
                           ¦ L 1.000¦
                           ¦ G 1.000¦
                           └─────────────┘
                                   │
       ┌───────┬───────┬───────┼───────┬───────┬───────┐
       │       │       │       │       │       │       │
  ┌────────┐┌────────┐┌────────┐┌────────┐┌────────┐┌────────┐┌────────┐
  ¦BASIS-A ¦¦GEIST-A ¦¦CHARA-A ¦¦KOERP-A ¦¦BELAST-%¦¦VERANT-$¦¦ZUKRIT  ¦
  ¦        ¦¦        ¦¦        ¦¦        ¦¦        ¦¦        ¦¦        ¦
  ¦ L 0.176¦¦ L 0.121¦¦ L 0.218¦¦ L 0.062¦¦ L 0.124¦¦ L 0.239¦¦ L 0.061¦
  ¦ G 0.176¦¦ G 0.121¦¦ G 0.218¦¦ G 0.062¦¦ G 0.124¦¦ G 0.239¦¦ G 0.061¦
  └────────┘└────────┘└────────┘└────────┘└────────┘└────────┘└────────┘
```

BASIS-1	GEIST-1	CHARA-1	KOERP-1	BELAST-1	VERANT-1	ZUKR-1
L 0.600	L 0.400	L 0.200	L 0.500	L 0.500	L 0.250	L 0.300
G 0.105	G 0.048	G 0.044	G 0.031	G 0.062	G 0.060	G 0.018
BASIS-2	GEIST-2	CHARA-2	KOERP-2	BELAST-2	VERANT-2	ZUKR-2
L 0.300	L 0.300	L 0.300	L 0.300	L 0.300	L 0.350	L 0.400
G 0.053	G 0.036	G 0.065	G 0.019	G 0.037	G 0.084	G 0.024
BASIS-3	GEIST-3	CHARA-3	KOERP-3	BELAST-3	VERANT-3	ZUKR-3
L 0.100	L 0.250	L 0.200	L 0.200	L 0.150	L 0.200	L 0.300
G 0.018	G 0.030	G 0.044	G 0.012	G 0.019	G 0.048	G 0.018
	GEIST-4	CHARA-4		BELAST-4	VERANT-4	
	L 0.050	L 0.100		L 0.050	L 0.150	
	G 0.006	G 0.022		G 0.006	G 0.036	
		CHARA-5			VERANT-5	
		L 0.100			L 0.050	
		G 0.022			G 0.012	
		CHARA-6				
		L 0.100				
		G 0.022				

L   --- LOCAL PRIORITY: PRIORITY RELATIVE TO PARENT
G   --- GLOBAL PRIORITY: PRIORITY RELATIVE TO GOAL

Verwendete Software: Expert Choice 8.0

Die aus Abbildung 38 ersichtlichen - in der Praxis unter Einbezug der Subkriterien noch differenzierter festgelegten - globalen Attributsgewichte (global priorities) bilden die Grundlage zur Personalbewertung (rating). Diese erfolgt über eine individuelle Benotung (0.000 bis 1.000) der einzelnen Attribute. Die erzielten Ergebnisse werden alsdann über die Festwerte umgerechnet, summiert (TOTAL) und normalisiert; weiterhin wird eine Rangliste (PRTY) über die zur Stellenbesetzung vorgesehene Personen erstellt; vgl. Abbildung 39.

Verwiesen sei auch auf ein entsprechendes Beispiel (employee evaluation) im EC Handbuch [*109*, p. 46a-i].

Abbildung 39. AHP-Ergebnisse, Personalevaluation

	BASIS-A	GEIST-A	CHARA-A	KOERP-A	BELAST-%	VERANT-$
Alternatives	.1758	.1209	.2178	.0619	.1239	.2388
1 Müller	0.500	0.600	0.600	0.700	0.600	0.600
2 Meier	0.100	0.700	0.600	0.300	0.500	0.800
3 Schulz	0.600	0.400	0.500	0.500	0.500	0.500

	ZUKRIT ZUKR-1	ZUKRIT ZUKR-2	ZUKRIT ZUKR-3		
Alternatives	.0183	.0244	.0183	Total	
1 Müller	0.400	0.200	0.200	¦¦	0.568
2 Meier	0.300	0.200	0.300	¦¦	0.520
3 Schulz	0.500	0.500	0.500	¦¦	0.506

	BASIS-A	GEIST-A	CHARA-A	KOERP-A	BELAST-%	VERANT-$
Alternatives	.1758	.1209	.2178	.0619	.1239	.2388
1 Müller	0.0879	0.0725	0.1307	0.0433	0.0743	0.1433
2 Meier	0.0176	0.0846	0.1307	0.0186	0.0619	0.1910
3 Schulz	0.1055	0.0484	0.1089	0.0310	0.0619	0.1194

	ZUKRIT ZUKR-1	ZUKRIT ZUKR-2	ZUKRIT ZUKR-3		
Alternatives	.0183	.0244	.0183	Total	
1 Müller	0.0073	0.0049	0.0037	¦¦	0.568
2 Meier	0.0055	0.0049	0.0055	¦¦	0.520
3 Schulz	0.0092	0.0122	0.0092	¦¦	0.506

Alternatives	BASIS-A .1758	GEIST-A .1209	CHARA-A .2178	KOERP-A .0619	BELAST-% .1239	VERANT-$ .2388
1 Müller	0.500	0.600	0.600	0.700	0.600	0.600
2 Meier	0.100	0.700	0.600	0.300	0.500	0.800
3 Schulz	0.600	0.400	0.500	0.500	0.500	0.500

Alternatives	ZUKRIT ZUKR-1 .0183	ZUKRIT ZUKR-2 .0244	ZUKRIT ZUKR-3 .0183	% MAX
1 Müller	0.400	0.200	0.200	¦¦ 100.0
2 Meier	0.300	0.200	0.300	¦¦ 91.6
3 Schulz	0.500	0.500	0.500	¦¦ 89.0

Alternatives	BASIS-A .1758	GEIST-A .1209	CHARA-A .2178	KOERP-A .0619	BELAST-% .1239	VERANT-$ .2388
1 Müller	0.500	0.600	0.600	0.700	0.600	0.600
2 Meier	0.100	0.700	0.600	0.300	0.500	0.800
3 Schulz	0.600	0.400	0.500	0.500	0.500	0.500

Alternatives	ZUKRIT ZUKR-1 .0183	ZUKRIT ZUKR-2 .0244	ZUKRIT ZUKR-3 .0183	PRTY
1 Müller	0.400	0.200	0.200	¦¦ 0.356
2 Meier	0.300	0.200	0.300	¦¦ 0.326
3 Schulz	0.500	0.500	0.500	¦¦ 0.317

Verwendete Software: Expert Choice 8.0

611.3 Produktionswirtschaft

Im Rahmen der Produktionswirtschaft kommt der *Bearbeitung von Investitionsprojek-ten* große Bedeutung zu; vgl. Abschnitt 432.4 und Abbildung 30. Expert Choice bietet zudem die Möglichkeit zur *Sensitivitätsanalyse*, die in vier verschiedenen Varianten - dynamic/gradient/performance sensitivity, 2-D plot - durchgeführt werden kann. Vgl. Abbildung 40, bei der Auswirkungen einer veränderten Risikogewichtung auf die Positionierung der Alternativen verdeutlicht werden.

Abbildung 40. AHP-Methode, CIM-Projekt

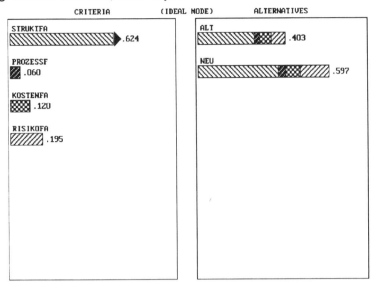

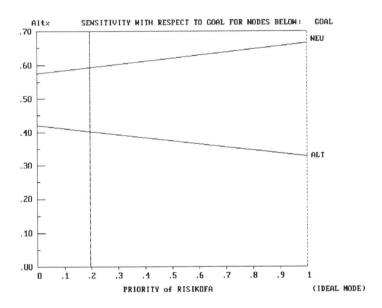

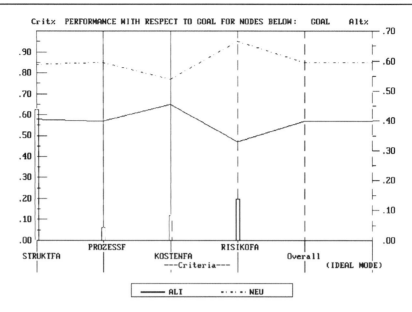

Verwendete Software: Expert Choice Expert 8.0

611.4   Unternehmungsplanung

Eine etwas anders strukturierte Untersuchung ist aus Abbildung 41 ersichtlich. Sie bezieht sich auf die Diversifikations-/Investitionsplanung. In *Abhängigkeit von der wirtschaftlichen Entwicklung* - Wachstum, Stagnation, Rezession - werden Investitionsmöglichkeiten in sechs wesentlich voneinander abweichenden Wirtschaftsbereichen unter Einbezug ökonomischer, politischer, sozialer und technologischer Faktoren einer AHP-Analyse unterzogen [*112*, p. 376-378].

Abbildung 42 orientiert über die Attributsevaluation bei Wirtschaftswachstum und weist die entsprechenden Attributsgewichte (local priorities) aus.

Abbildung 41. AHP-Methode, Unternehmungsplanung

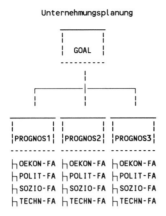

OEKON-FA --- Ökonmische Faktoren   POLIT-FA --- Politische Faktoren
PROGNOS1 --- Wirtschaftswachstum   PROGNOS2 --- Wirtschaftsstagnation
PROGNOS3 --- Wirtschaftsrezession   SOZIO-FA --- Soziale Faktoren
TECHN-FA --- Technologische Faktoren

Verwendete Software: Expert Choice 8.0

Abbildung 42. AHP-Ergebnisse, Partialplanung (Wirtschaftswachstum)

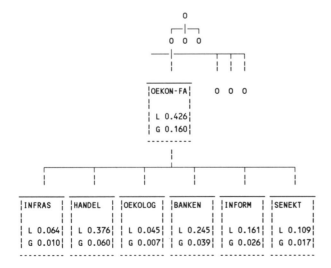

```
BANKEN   --- Banken              HANDEL   --- Internationaler Handel
INFORM   --- Informatik (Computer)   INFRAS   --- Tiefbau (Straßen/Brücken)
OEKOLOG  --- Ökologie / Umweltschutz  OEKON-FA --- Ökonmische Faktoren
SENEKT   --- Alterfürsorge (Catering)

L        --- LOCAL PRIORITY: PRIORITY RELATIVE TO PARENT
G        --- GLOBAL PRIORITY: PRIORITY RELATIVE TO GOAL
```

```
                        Unternehmungsplanung

            Synthesis of Leaf Nodes with respect to OEKON-FA
                          DISTRIBUTIVE MODE


HANDEL    0.376 XXXXXXXXXXXXXXXXXXXXXXXXXXXXXXXXXXXXXXXXXXXXXXXXXXXXXXXXXX

BANKEN    0.245 XXXXXXXXXXXXXXXXXXXXXXXXXXXXXXXXXXXXXXX

INFORM    0.161 XXXXXXXXXXXXXXXXXXXXXXXXXX

SENEKT    0.109 XXXXXXXXXXXXXXXXX

INFRAS    0.064 XXXXXXXXXX

OEKOLOG   0.045 XXXXXXXX
```

```
                        Unternehmungsplanung

            Synthesis of Leaf Nodes with respect to POLIT-FA
                          DISTRIBUTIVE MODE


INFRAS    0.353 XXXXXXXXXXXXXXXXXXXXXXXXXXXXXXXXXXXXXXXXXXXXXXXXXXXXXXX

OEKOLOG   0.243 XXXXXXXXXXXXXXXXXXXXXXXXXXXXXXXXXXXXX

HANDEL    0.165 XXXXXXXXXXXXXXXXXXXXXXXXXXX

SENEKT    0.111 XXXXXXXXXXXXXXXXXX

BANKEN    0.066 XXXXXXXXXXX

COMPUTER  0.062 XXXXXXXXXXX
```

Bemerkung: Entsprechende Berechnungen fallen für die Alternativen Stagnation und Rezession an.

Abbildung 43 zeigt auszugsweise Resultate der Gesamtanalyse unter Annahme vorgängig spezifizierter und nach dem AHP-Ansatz weiter ausgewerteter Erwartungen über die allgemeine wirtschaftliche Entwicklung.

Abbildung 43. AHP-Ergebnisse, Gesamtplanung

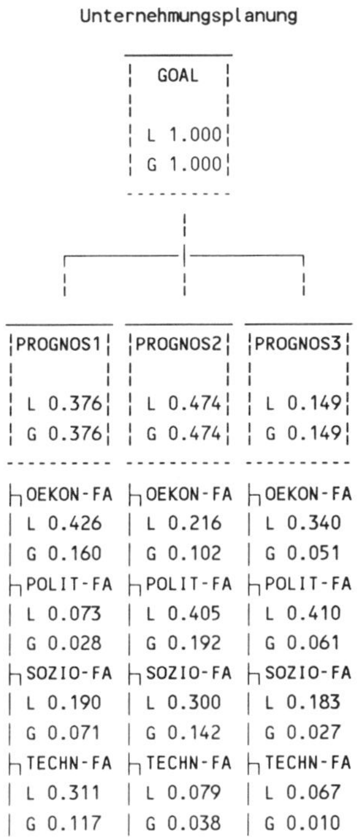

Unternehmungsplanung

```
              ┌─────────┐
              ¦  GOAL   ¦
              ¦         ¦
              ¦ L 1.000 ¦
              ¦ G 1.000 ¦
              └─ ─ ─ ─ ─┘
                   ¦
        ┌──────────┼──────────┐
        ¦          ¦          ¦

  ┌─────────┐┌─────────┐┌─────────┐
  ¦PROGNOS1 ¦¦PROGNOS2 ¦¦PROGNOS3 ¦
  ¦         ¦¦         ¦¦         ¦
  ¦ L 0.376 ¦¦ L 0.474 ¦¦ L 0.149 ¦
  ¦ G 0.376 ¦¦ G 0.474 ¦¦ G 0.149 ¦
  └─ ─ ─ ─ ─┘└─ ─ ─ ─ ─┘└─ ─ ─ ─ ─┘

  ┐OEKON-FA   ┐OEKON-FA   ┐OEKON-FA
  │ L 0.426   │ L 0.216   │ L 0.340
  │ G 0.160   │ G 0.102   │ G 0.051
  ┐POLIT-FA   ┐POLIT-FA   ┐POLIT-FA
  │ L 0.073   │ L 0.405   │ L 0.410
  │ G 0.028   │ G 0.192   │ G 0.061
  ┐SOZIO-FA   ┐SOZIO-FA   ┐SOZIO-FA
  │ L 0.190   │ L 0.300   │ L 0.183
  │ G 0.071   │ G 0.142   │ G 0.027
  ┐TECHN-FA   ┐TECHN-FA   ┐TECHN-FA
  │ L 0.311   │ L 0.079   │ L 0.067
  │ G 0.117   │ G 0.038   │ G 0.010
```

L   --- LOCAL PRIORITY: PRIORITY RELATIVE TO PARENT
G   --- GLOBAL PRIORITY: PRIORITY RELATIVE TO GOAL

```
                          Unternehmungsplanung

                    Synthesis of Leaf Nodes with respect to    GOAL
                                   DISTRIBUTIVE MODE


                        OVERALL INCONSISTENCY INDEX =  0.05


SENEKT     0.260 XXXXXXXXXXXXXXXXXXXXXXXXXXXXXXXXXXXXXXXXXXXXXXXXXXXXXXXXXXXXX

HANDEL     0.203 XXXXXXXXXXXXXXXXXXXXXXXXXXXXXXXXXXXXXXXXXXXXXXXXXX

INFRAS     0.197 XXXXXXXXXXXXXXXXXXXXXXXXXXXXXXXXXXXXXXXXXXXXXXXXX

OEKOLOG  0.114 XXXXXXXXXXXXXXXXXXXXXXXXXXXX

BANKEN     0.104 XXXXXXXXXXXXXXXXXXXXXXXXXX

COMPUTER 0.096 XXXXXXXXXXXXXXXXXXXXXXXX

INFORM     0.026 XXXXXX
```

611.5   Statistik/Operations Research

Im Bereich *Statistik/Operations Research* läßt sich die AHP-Methode gut zur *Softwareevaluation* benutzen [443].

Tabelle 58 vermittelt eine Liste der zur Softwareevaluation zu benutzenden Kriterien. Ihre Gewichtung hängt primär von den vorgesehenen Einsatzbereichen - Lehre/Praxis - ab.

Bei der Evaluation von Softwarepaketen im Hinblick auf die OR-Ausbildung drängt sich eine Differenzierung zwischen EDV-orientierten - mit Programmdisketten ausgestatteten - Textbüchern einerseits und eigenständigen Softwarepaketen andererseits auf. Tabelle 59 gibt einen Überblick über sechs moderne *Softwarepakete*. Zur Mitberücksichtigung von Rechengeschwindigkeit/-Genauigkeit als Evaluationskriterien sind zusätzliche Untersuchungen anhand praxisorientierter Beispiele erforderlich.

Tabelle 58. AHP-Methode, OR-Softwareevaluation

Evaluationskriterien	
Modell-/Programmstruktur	Input: Art, Benutzerfreundlichkeit
Rechengeschwindigkeit	Output: Form, Interpretierbarkeit Dokumentation: Handbücher
Rechengenauigkeit: Datenformat, Rundung	

Tabelle 59. OR-Software, Übersicht

Merkmale   Programmpaket (Kurzbezeichnung, Nr. Literaturverzeichnis)
Gesamtumfang (Programmzahl)

Dokumentation (Seitenzahl)
Typ: a) Benutzerhandbuch, b) Benutzeranleitung mit Kurzbeispielen, c) Benutzeranleitung mit
        ausführlichen Beispielen, d) Benutzeranleitung mit Aufgaben, e) OR-Lehrbuch mit
        Benutzeranleitung und Aufgaben

Harware-/Softwareanforderungen (KBytes RAM/ DOS-Version)
Lineare Programmierung (Variable, Restriktionen)   Verfahren: a) Sensitivitätsanalyse, b) Parametrische Programmierung

Transportmodelle (Quellen, Senken)
        Verfahren: a) Nordwestecken-Regel, b) Vogelsche Approximationsmethode (VAM), c) Stepping-
        Stone-Methode, d) Modifizierte Distributionsmethode (MODI), e) Transshipment-Modell

Zuordnungsmodelle (Zeilen, Spalten)   Verfahren: a) Ungarische Methode, b) 0-1 Programmierung
Ganzzahlige Programmierung (Variable, Restriktionen)   Verfahren: a) Branch and Bound-Methode, b) 0-1 Programmierung, c) andere
Goal Programming (Variable, Restriktionen; Prioritätsstufen)   Verfahren: a) modifizierte Simplex-Methode
Dynamische Programmierung (Stufen)   Verfahren: a) Netzwerkstruktur, b) ohne Netzwerkstruktur
Netzwerkmodelle (Knoten, Strecken)   Verfahren: a) Kürzester Weg, b) Minimaler Spannbaum (Minimalgerüst) , c) Maximaler Fluß
Netzplantechnik (Aktivitäten)   Verfahren: a) Zeitplanung CPM, b) Zeitplanung PERT, c) Kostenplanung

Prognosemethoden
        Verfahren: a) Regressionsanalyse, b) Gleitende Durchschnittsberechnung, c) einfache exponen-
        tielle Glättung, d) höhere Formen der exponentiellen Glättung (Holt/Winters),
        e) Dekompositionsmethoden

Entscheidungsmodelle
        Verfahren: a) allgemeine Entscheidungskriterien (Laplace, Maximin, Maximax, Hurwitz, Mini-
        max), b) Bayessche Analyse, c) Entscheidungsbaumverfahren

Warteschlangenmodelle, analytisch
      Verfahren: a) Einkanal-Einphasen-System, b) Einkanal-Mehrphasen-System

Lagerhaltungsmodelle, analytisch
      Verfahren: a) ABC-Analyse, b) optimale Losgröße (EOQ), c) Mengenrabatt, d) Fehlmengen,
      e) stochastisches Modell

Simulation
      Verfahren: a) Warteschlangenmodelle, b) Lagerhaltungsmodelle

Übrige Bereiche
      Verfahren: a) Markov-Modelle, b) Spieltheorie, c) Produktionsplanung ,
      d) Materialbedarfsplanung, e) Qualitätskontrolle

CMSS, [107]	DSS [233]	Micro Manager, [217]	ORS [76]	QSB+ [58]	STORM pers., [105]	STORM prof., [105]
(11)	(18)	(17)	(13)	(16)	(16)	(16)
(263) d	(399) d	(528) e	(189) b	(175;379) d	(452) c	(452) c
(256/2.0)	(512/2.1)	(256/2.1)	(256,2.0)	(256,2.0)	(256/2.0)	(500/2.0)
(50, 50) a	(50, 40) a	(50, 50) a	(50, 50) a	(200, 200) a	(50,40) a, b	(1250,10) (625, 50) a, b
(20, 20)	(20, 20) a	(40, 40). a, b, d	(48, 50) c	(170, 170) a, b, d, e	(30, 30) b, e	(50,1000) (250,250) b, e
(25, 25)	(30, 30) a	(40, 40) a, b	(48, 50) b, c	(250, 250) a	(50, 50)	(250,250)
(50, 50) b	(50, 40) a, b	(15, 15) a, b	(50, 50) a, b	(200, 200) a	(50, 40) a	(1250,10) (625, 50) a
-	-	(50, 50)	(50, 50)	(200, 200)	-	-
-	-	10 a, b	-	100 a	-	-
(25, 25) a, b, c	(40, -) a, b, c	(50, 50) a, b, c	-	(300, 600) a, b, c	a, b, c	a, b,
(99) b	50 a, b, c	(20) a, b, c	(50) a, b, c	(1500) a, b, c	50 a, b	4000 a, b
-	a, b, d, d, e	a, b, c	-	a, b, c, d	a, c, d	a, c, d
a, b, c	a, b, c	a, b, c	-	a, b, c	-	-
a, b	a, b	a	a	a, b	a, b	a, b
b, e	b, c, d, e	b, e, d, e	b, c, d	b, c, d, e	a, b, c	a, b, c
-	a	a	-	a	-	-
a	a, c	a, b	-	a	c, d, e	c, d, e

Eine detaillierte Evaluation dieser Softwarepakete wird dem Leser überlassen. Abbildung 44 zeigt Resultate einer stark vereinfachten Auswertung. Der Evaluationsprozeß bezieht sich auf fünf Schwerpunkte in der OR-Ausbildung (Lineare Programmierung, Goal Programming, Netzplantechnik, Entscheidungsmodelle, Warteschlangen-/Lagerhaltungsmodelle), vier Software-Evaluationskriterien (ohne Rechengeschwindigkeit und -Genauigkeit) sowie auf vier vorselektionierte Programmpakete.

Abbildung 44. AHP-Ergebnisse, OR-Software

```
Ratings of Alternatives from OR - Software       Evaluation f

Alternative                 Result
==================          =====================================
MICROMAN                    ¦ XXXXXXXXX  29.94
                            ¦
DSS                         ¦ XXXXXXX  23.96
                            ¦
QSB+                        ¦ XXXXXXX  23.26
                            ¦
ORS                         ¦ XXXXXXX  22.84
                            ¦
```

Verwendete Software: Criterium 1.1

612   Volkswirtschaftliche Einsatzbereiche

Auch in der *Volkswirtschaftslehre* zeigen sich beachtenswerte AHP-Einsatzmöglichkeiten.

612.1   Verkehrswirtschaft

Die AHP-Methode kann zunächst zur Beurteilung von Großprojekten im Bereich der *Verkehrswirtschaft* benutzt werden, wie das folgende - von den Diskussionen über den Bau einer neuen Eisenbahn-Alpentransversale (NEAT) mitgeprägte - Beispiel zeigt.

Aus AHP-Sicht drängt sich bei derartigen *Großprojekten* jedenfalls eine Differenzierung zwischen der Alternative Ausführung/Verzicht auf. Zudem erweist es sich als sinnvoll, *separate Kosten-/Nutzenanalysen* durchzuführen und dabei jeweils zwischen wirtschaftlichen, sozialen und ökologischen Wirkungen zu differenzieren.

Die AHP-Methode eignet sich für derart gesplittete Untersuchungen ausgezeichnet. Die anfallenden Teilergebnisse können letztlich über einen *Kosten-/Nutzenindex* miteinander verkoppelt werden. Die Variante mit dem günstigeren Indexwert ist zu präferieren.

Nicht zu übersehen ist, daß derartige Untersuchungen auch aus der Sicht mehrerer - in ihrem Grundauffassungen möglicherweise weit auseinander liegender - *Gruppen* mit speziellen politisch/wirtschaftlich begründeten regional/national orientierten Interessen vorgenommen werden können. Die Analysenergebnisse sind separat auszuweisen, können aber bei der Projekt-Gesamtevaluation - soweit über eine *Gruppengewichtung* Konsens besteht - kombiniert werden.

Sehr zu empfehlen ist - auf der niedrigsten Hierarchiestufe - eine Aufgliederung der Evaluationskriterien im Hinblick auf *kurz-, mittel- und langfristige Projektwirkungen*. Weiterhin sollte bei Großprojekten zwischen der *Bau- und Betriebsphase* unterschieden werden.

Abbildung 45 zeigt die Grundstruktur eines im vorerwähnten Sinne zu untersuchenden Projekts.

Unter den übrigen wirtschaftlichen Faktoren wären etwa mitzuberücksichtigen: Verkehrsaufkommen/-Verlagerung im Güter- und Personenverkehr; Wirkungen auf den Finanzhaushalt öffentlicher Körperschaften, inklusive Neuverschuldung, Zinsen, Verkehrssteuern, etc.

Abbildung 45. AHP-Methode, Verkehrsprojekt

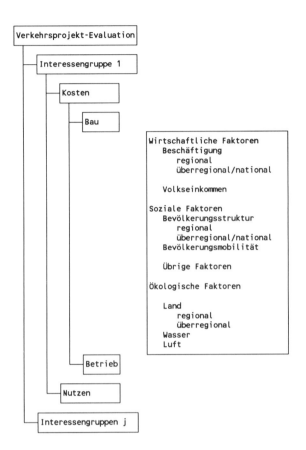

Ein sich auf amerikanische Verhältnisse beziehendes Beispiel ist aus Abbildung 46 ersichtlich. Es betrifft Maßnahmen zur Verkehrsberuhigung auf einer stark belasteten Autobahn (Beltway) in Washington, D.C. [112, p. 360-361], wobei als mögliche Optionen Verbesserungen im Verkehrsnetz (U-Bahn, äußerer Ring), Verkehrsbeschränkungen und andere Maßnahmen (flexible Arbeitszeit) in die Überlegungen einbezogen und unter Mitberücksichtigung ökonomischer, politischer und sozialer Aspekte beurteilt werden. Einzelheiten sind aus den Annotationen in Abbildung 46 ersichtlich; der Analyse liegen amerikanische Originaldaten zugrunde. Die wichtigsten Ergebnisse sind in Abbildung 47 zusammengestellt.

Abbildung 46. AHP-Methode, US-Verkehrsprojekt

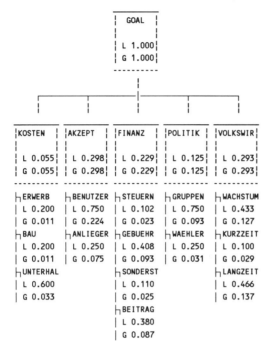

Verkehrstechnische Baumassnahmen in Washington, D.C.

AKZEPT   --- Öffentliche Akzeptanz   ANLIEGER --- Anwohner/Liegenschaftseigentümer
BAU   --- Baukosten   BEITRAG --- Anliegerbeiträge
BENUTZER --- Benutzer   ERWERB   --- Grunderwerbskosten
FINANZ   --- Finanzierung   GEBUEHR --- Autobahngebühren
GRUPPEN   --- Interessengruppen   KOSTEN   --- Kosten
KURZZEIT --- Kurzfrist. Verbesserung   LANGZEIT --- Beitrag an langfristige Lösung
            der Verkehrssituation   des Verkehrsproblems
POLITIK   --- Politische Unterstützung SONDERST --- Sondersteuern auf Kraftstoff
STEUERN   --- Steuern   UNTERHAL --- Unterhaltskosten
VOLKSWIR --- Volkswirt. Beurteilung   WACHSTUM --- Wirtschaftswachstum
WAEHLER   --- Wähler

L   --- LOCAL PRIORITY: PRIORITY RELATIVE TO PARENT
G   --- GLOBAL PRIORITY: PRIORITY RELATIVE TO GOAL

Verwendete Software: Expert Choice 8.0

Abbildung 47. AHP-Ergebnisse, US-Verkehrsprojekt

```
            Verkehrstechnische Baumassnahmen in Washington, D.C.

            Synthesis of Leaf Nodes with respect to    GOAL
                           DISTRIBUTIVE MODE

                 OVERALL INCONSISTENCY INDEX =  0.07

RINGBAU  0.363 XXXXXXXXXXXXXXXXXXXXXXXXXXXXXXXXXXXXXXXXXXXXXXXXXXXXXXXXXXXX

TRANSIT  0.337 XXXXXXXXXXXXXXXXXXXXXXXXXXXXXXXXXXXXXXXXXXXXXXXXXXXXXXXXXX

ARBEITSZ 0.171 XXXXXXXXXXXXXXXXXXXXXXXXXXXXXXX

BESCHRAE 0.129 XXXXXXXXXXXXXXXXXXXXXX


ARBEITSZ --- Vermehrte Ausschöpfung flexibler Arbeitszeiten
BESCHRAE --- Beschränkung von Wachstum und Entwicklung
RINGBAU  --- Bau des äußeren Rings
TRANSIT  --- Ausbau des Verkehrsnetzes (U-Bahn)
```

Vermerkt sei, daß schon die *Bearbeitung kleinerer Projekte* - etwa der geplante Ersatz einer (Auto-)Fähre durch Brücken-/Tunnelbauten [*308*, p. 115-119; *318*, p. 183-186] - den *Beizug größerer Expertenteams* erforderlich macht.

612.2   Wirtschaftsprognostik

Einsatzmöglichkeiten der AHP-Methode im Bereich der *Wirtschaftsprognostik* [*416*] verdeutlicht eine an der Universität Pittsburgh durchgeführte Studie [*46*]. Sie führt über die Bestimmung des zeitlichen Eintreffens der konjunkturellen Wende (Zeitprognose, timing of recovery) zur Berechnung der alsdann zu erwartenden Wachstumsrate des Bruttosozialprodukts (Stärkenprognose, strength of recovery).

Die folgenden Ausführungen verdeutlichen diese zweistufige Vorgehensweise; sie sind strukturell auf europäische Verhältnisse ausgerichtet, basieren aber - im Gegensatz zur UP-Untersuchung [*46*] - nicht auf aktuellen Wirtschaftsdaten.

Konjunkturbelebende Wirkungen können zunächst von - hier in der *Faktorengruppe 1* zusammengefaßten - Konsum-, Investitions- und Exportsteigerungen (consumption, investment, exports), von konjunkturkonformen geld-/kredit- und fiskalpolitischen Maßnahmen (monetary/fical policy) sowie von psychologischen Faktoren (confidence) ausgehen. Zusätzlich sind - über die *Faktorengruppe 2* - Auswirkungen wirtschaftlich, gesellschaftlich und/oder politisch bedingter Strukturwandlungen nationaler oder internationaler Tragweite mitzuberücksichtigen.

Die zur *Zeitprognose* erforderlichen Schritte werden in Tabelle 60 aufgezeigt. Zunächst ist eine Gewichtung des konjunkturbelebenden Potentials der beiden Faktorengruppen vorzunehmen. In weiteren Arbeitsschritten erfolgt eine Gewichtung der Einzelfaktoren innerhalb der einzelnen Gruppen, differenziert nach zeitlichen Abständen von 3, 6, 12 und 24 Monaten von der Basisperiode.

Die Art der vorzunehmenden Analyse wird in Tabelle 60 nur für einen Einzelfaktor - zeitliche Wirkungsweise einer Konsumbelebung - explizit aufgezeigt. Im gleichen Sinne sind auch die übrigen Einflußfaktoren zu bearbeiten.

Die Gesamtergebnisse einer derart strukturierten Untersuchung bilden die Basis zur *Bestimmung des zu erwartenden konjunkturellen Wendepunkts*. Diese Berechnungen basieren in Tabelle 60 auf Durchschnittswerten. Vorzugsweise wird zur Wendepunktprognose allerdings auf das - verfahrenstechnisch wesentlich komplexere - Supermatrix-Verfahren zurückgegriffen [46]; dadurch kann die gegenseitige Verflechtung der einzelnen Einflußfaktoren und Faktorengruppen besser berücksichtigt werden (feedback system).

Die zweite Arbeitsphase dient zur *Stärkenprognose*. Die hierzu erforderlichen Berechnungen laufen ebenfalls mehrstufig ab. Zunächst ist die relative Stärke der Einflußfaktorengruppen zu bestimmen; anschließend muß eine Gewichtung der einzelnen Faktoren vorgenommen werden.

Einzelheiten zu diesen Berechnungen sind aus Tabelle 61 ersichtlich. Wenn mit den dort ausgewiesenen Gesamtergebnissen und Mittelwerten gearbeitet wird, läuft mit dem nach 9 Monaten zu erwartenden konjunkturellen Umschwung (economic recovery) eine *Wachstumsrate des Bruttosozialprodukts* von 3 % parallel.

Tabelle 60. AHP-Methode, Wirtschaftsprognostik: Zeit des Wiederaufschwungs

1 Zeitprognose (time of recovery)

1.1 Gewichtung konjunkturbelebender Faktorengruppen F-1 und F-2

Gruppe	Zeitabstand 3 Monate			6 Monate			12 Monate			24 Monate		
	F-1	F-2	Gewicht	F-1	F-2	Gewicht	F-1	F-2	Gewicht	F-1	F-2	Gewicht
F-1	1	5	0.83	1	4	0.80	1	3	0.75	1	3	0.67
F-2	(1/5)	1	0.17	(1/4)	1	0.20	(1/3)	1	0.25	(1/2)	1	0.33

1.2 Interfaktorielle Gewichte

Faktorengruppe 1	C	I	E	F	M	P	Gewicht
C Konsum	1	1	1/2	2	1/2	1/4	0.10
I Investition	(1/2)	1	1/4	1	1/4	1/2	0.07
E Export	(2)	(4)	1	4	2	1/2	0.24
F Fiskalpolitik	(1/2)	(1)	(1/4)	1	1/4	1/8	0.06
M Geld-/Kreditpolitik	(2)	(4)	(1/2)	(4)	1	(1/2)	0.19
P Psychologische Faktoren	(4)	(2)	(2)	(8)	(2)	1	0.34

Faktorengruppe 2	W	O	I	Gewicht
W Strukturwandel Westeuropa (EWR, EG)	1	3	4	0.60
O Strukturwandel Osteuropa (GUS)	(1/3)	1	3	0.28
I Strukturwandel International (GATT)	(1/4)	(1/3)	1	0.12

1.3 Gewichtung konjunkturbelebender Einzelfaktoren

Konsumveränderung	Wirkungszeit 3 Monate	6 Monate	12 Monate	24 Monate	Gewicht
3 Monate	1	1/5	1/7	1/7	0.04
6 Monate	(5)	1	1/5	1/5	0.11
12 Monate	(5)	(5)	1	1/3	0.31
24 Monate	(7)	(5)	(3)	1	0.54

1.4 Gesamtübersicht

Faktorengruppe 1	Gewicht total	3 Monate 0.83	6 Monate 0.80	12 Monate 0.75	24 Monate 0.67
C Konsum	0.10	0.04	0.11	0.31	0.54
I Investition	0.07	0.08	0.08	0.30	0.54
E Export	0.24	0.08	0.08	0.42	0.42
F Fiskalpolitik	0.06	0.09	0.10	0.38	0.43
M Geld-/Kreditpolitk	0.19	0.61	0.26	0.04	0.09
P Psychologische Faktoren	0.34	0.52	0.31	0.12	0.05

Faktorengruppe 2	Gewicht total	3 Monate **0.17**	6 Monate **0.20**	12 Monate **0.25**	24 Monate **0.33**
W Struktur West	**0.60**	0.05	0.09	0.24	0.62
O Struktur Ost	**0.28**	0.05	0.09	0.24	0.62
I Struktur International	**0.12**	0.09	0.09	0.21	0.61

1.5 Durchschnittswerte für Gesamtauswertung				
Zeit		1.5 Monate	4.5 Monate	9 Monate	18 Monate
Gewicht F-1		0.27	0.16	0.15	0.13
F-2		0.01	0.01	0.06	0.21
Total		0.28	0.17	0.21	0.34

Zeit des Wiederaufschwungs (timing of recovery), bezogen auf Basisperiode	9 Monate

Tabelle 61. AHP-Methode, Wirtschaftsprognostik: Stärke des Wiederaufschwungs

2   Stärkenprognose (strengh of recovery)

2.1 Gewichtung konjunkturbelebender Faktorengruppen F-1 und F-2

Gruppe	Wirkungsintensität zur Zeit des Wiederaufschwungs (9 Monate)		
	F-1 ,	F-2	Gewicht
F-1	1	2	0.67
F-2	(1/2)	1	0.33

2.2 Interfaktorielle Gewichte

Faktorengruppe 1	C	I	E	F	M	P	Gewicht
C Konsum	1	3	7	7	3	1	0.38
I Investition	(1/3)	1	1	3	3	1	0.16
E Export	(1/7)	(1)	1	3	3	1	0.15
F Fiskalpolitik	(1/7)	(1/3)	(1/3)	1	1	1/2	0.06
M Geld-/Kreditpolitik	(1/3)	(1/3)	(1/3)	(1)	1	1/2	0.07
P Psychologische Faktoren	(1)	(1)	(1)	(2)	(2)	1	0.18

Faktorengruppe 2	W	O	I	Gewicht
W Strukturwandel Westeuropa (EWR, EG)	1	7	9	0.79
O Strukturwandel Osteuropa (GUS)	(1/7)	1	2	0.13
I Strukturwandel International (GATT)	(1/9)	(1/2)	1	0.08

2.3 Gewichtung konjunkturbelebender Einzelfaktoren

Konsumveränderung	Wirkungsstärke sehr stark	stark	moderat	gering	Gewicht
sehr stark	1	1	5	7	0.42
stark	(1)	1	5	7	0.42
moderat	(1/5)	(1/5)	1	3	0.11
gering	(1/7)	(1/7)	(1/3)	1	0.05

```
┌──────────────────────────────────────────────────────────────────────────────────┐
│ 2.4 Gesamtübersicht                                                                │
```

Faktorengruppe 2	Gewicht total 0.67	sehr stark	stark	moderat	gering
C Konsum	0.38	0.42	0.42	0.11	0.05
I Investition	0.16	0.24	0.56	0.10	0.10
E Export	0.15	0.12	0.63	0.12	0.13
F Fiskalpolitik	0.06	0.10	0.10	0.24	0.56
M Geld-/Kreditpolitik	0.07	0.10	0.18	0.18	0.54
P Psychologische Faktoren	0.18	0.10	0.42	0.42	0.06

Faktorengruppe 2	Gewicht total 0.33	sehr stark	stark	moderat	gering
W Struktur West	0.79	0.10	0.10	0.45	0.35
O Struktur Ost	0.13	0.05	0.12	0.26	0.57
N Struktur International	0.08	0.00	0.05	0.20	0.75

```
2.5 Durchschnittswerte für Gesamtauswertung
```

% Bruttosozialprodukt-Zunahme	4 - 5 %	3 - 4 %	2 - 3 %	1 - 2 %
Mittelwert	4.5 %	3.5 %	2.5 %	1.5 %
Gewicht F-1	0.17	0.29	0.12	0.09
F-2	0.03	0.03	0.13	0.14
Total	0.20	0.31	0.25	0.23

```
Wachstumsrate des Bruttosozialprodukts
(% GNP recovery rate) nach 9 Monaten          3 %
```

613 Übrige Einsatzbereiche

613.1 Hauswirtschaft

Die AHP-Analyse läßt sich im Bereich der *Hauswirtschaft* vor allem in Verbindung mit der Beschaffung langlebiger Wirtschaftsgüter einsetzen. Ein in der Literatur oft diskutiertes Beispiel betrifft den *Automobilkauf* [318, p. 50-52; 451, S. 74-81].

In dem hier besprochenen Beispiel werden Kosten und Leistungen als die bei der Alternativenbewertung vordringlich zu berücksichtigenden *Faktoren* betrachtet. Sie lassen sich weiter in der aus Tabelle 62 ersichtlichen Form untergliedern und sind - eventuell differenziert nach den Interessenlagen einzelner Familienglieder - zu bewerten. Tabelle 62 zeigt das Bewertungsprofil einer "Expertengruppe".

Die *Datenbeschaffung* kann sich als recht aufwendig erweisen. So sind etwa die jähr-
lichen Kraftstoffkosten bezogen auf die im Stadt-/Überlandverkehr - mit unterschiedli-
chem Benzinverbrauch - gefahrenen Kilometer zu budgetieren; falls mit relativ kurzen
Nutzungsdauern (etwa 3 Jahre) gerechnet wird, müssen die Anschaffungskosten um
die erwarteten Restwerte bereinigt werden.

Die Leistungsbewertung erfolgt anhand subjektiver Wertschätzungen (ausgezeichnet
= 1; sehr gut = 2, gut = 3, ausreichend = 4, schlecht = 5, ungenügend = 6); vgl.
Tabelle 63.

Tabelle 62. AHP-Methode, Kriterien bei Automobilkauf

Kosten/Leistung	Kosten		Leistung	Gewicht
Kosten	1		8	0.89
Leistung	(1/8)		1	0.11
Kosten	Kost-1	Kost-2	Kost-3	Gewicht
Anschaffungskosten	1	8	4	0.72
Unterhaltskosten	(1/8)	1	1/3	0.07
Kraftstoffkosten	(1/4)	(3)	1	0.21
Leistung	Leis-1	Leis-2	Leis-3	Gewicht
Sicherheit	1	3	9	0.66
Komfort	(1/3)	1	6	0.28
Technologie	(1/9)	(1/6)	1	0.21

Tabelle 63. AHP-Methode, Grundaten für Automobilkauf

Kriterien	Alternative 1	Alternative 2	Alternative 3
Kost-1	DM 6000	DM 8000	DM 10000
Kost-2	DM 1800	DM 1200	DM 600
Kost-3	DM 6000	DM 3000	DM 1625
Leis-1	ausreichend	gut	sehr gut
Leis-2	schlecht	ausreichend	sehr gut
Leis-3	ausreichend	gut	ausgezeichnet

Die in Tabelle 63 ausgewiesenen - budgetierten - Kosten bilden eine wesentliche die
Grundlage für die *Alternativenvergleiche*; es wird dabei ein linearer Verlauf der Nutzenfunktion des Geldes unterstellt.

Auch die - zunächst eher locker vorgenommenen - Leistungsbewertungen werden numerisch umgesetzt und dann auf dieser Basis weiter verarbeitet.

Die sich aufgrund dieser Basisdaten ergebenden Gewichtungen sind aus Tabelle 64 ersichtlich.

Tabelle 64. AHP-Methode, Alternativenevaluation bei Automobilkauf

Kost-1	Alt-1	Alt-2	Alt-3	Gewicht
Alt-1	1	1.30	1.60	0.42
Alt-2	0.77	1	1.25	0.32
Alt-3	0.63	0.80	1	0.26
Kost-2	Alt-1	Alt-2	Alt-3	Gewicht
Alt-1	1	0.67	0.33	0.18
Alt-2	1.49	1	0.50	0.27
Alt-3	3.00	2.00	1	0.55
Kost-3	Alt-1	Alt-2	Alt-3	Gewicht
Alt-1	1	0.50	0.27	0.15
Alt-2	2.00	1	0.54	0.30
Alt-3	3.70	1.90	1	0.55
Leis-1	Alt-1	Alt-2	Alt-3	Gewicht
Alt-1	1	0.75	0.50	0.23
Alt-2	1.33	1	0.67	0.31
Alt-3	2.00	1.50	1	0.46
Leis-2	Alt-1	Alt-2	Alt-3	Gewicht
Alt-1	1	0.80	0.40	0.21
Alt-2	1.25	1	0.50	0.26
Alt-3	2.50	2.00	1	0.53
Leis-3	Alt-1	Alt-2	Alt-3	Gewicht
Alt-1	1	0.75	0.25	0.16
Alt-2	1.33	1	0.33	0.21
Alt-3	4.00	3.00	1	0.63

Resultate der computergestützten Auswertung dieser Daten zeigt Abbildung 48. Es kommt zu einer Präferenzierung von Alternative 3.

Abbildung 48. AHP-Methode, Automobilkauf

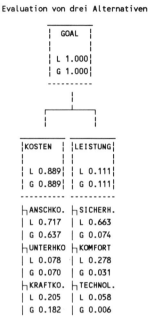

Evaluation von drei Alternativen

```
                    ┌──────────┐
                    │  GOAL    │
                    │          │
                    │ L 1.000  │
                    │ G 1.000  │
                    └──────────┘
                         │
                ┌────────┴────────┐
                │                 │
         ┌──────────┬──────────┐
         │KOSTEN    │ │LEISTUNG │
         │          │ │         │
         │ L 0.889  │ │ L 0.111 │
         │ G 0.889  │ │ G 0.111 │
         └──────────┘ └─────────┘

         ┤ANSCHKO.    ┤SICHERH.
         │ L 0.717    │ L 0.663
         │ G 0.637    │ G 0.074
         ┤UNTERHKO    ┤KOMFORT
         │ L 0.078    │ L 0.278
         │ G 0.070    │ G 0.031
         ┤KRAFTKO.    ┤TECHNOL.
         │ L 0.205    │ L 0.058
         │ G 0.182    │ G 0.006
```

OVERALL INCONSISTENCY INDEX = 0.01

ALTERN.3 0.361 XXXXXXXXXXXXXXXXXXXXXXXXXXXXXXXXXXXXXXXXXXXXXXXXXXXXXXXXXXXXXXX

ALTERN.1 0.331 XXXXXXXXXXXXXXXXXXXXXXXXXXXXXXXXXXXXXXXXXXXXXXXXXXXXXXXXXXX

ALTERN.2 0.308 XXXXXXXXXXXXXXXXXXXXXXXXXXXXXXXXXXXXXXXXXXXXXXXXXXXXXXX

Verwendete Software: Expert Choice 8.0

Ein weiteres Beispiel aus der Hauswirtschaft betrifft die - in Abschnitt 451.2 erwähnte - Beurteilung von (Ferien-)Wohnungen. Abbildung 49 zeigt, daß die verfügbare
AHP-Software auch derartige - einstufig strukturierte - Probleme zu bearbeiten vermag.

Abbildung 49. AHP-Methode, Wohnungsmiete

```
                          Wohnung

                       ┌──────────┐
                       ¦  GOAL    ¦
                       ¦          ¦
                       ¦ L 1.000¦
                       ¦ G 1.000¦
                       - - - - - - - - -
                             ¦
              ┌──────────┬───┴────┬──────────┐
              ¦          ¦        ¦          ¦
              ¦          ¦        ¦          ¦

        ┌─────────┬─────────┬─────────┬──────────┐
        ¦PREIS    ¦ ¦RAUM    ¦ ¦LAGE    ¦ ¦NEBENKO. ¦
        ¦         ¦ ¦        ¦ ¦        ¦ ¦         ¦
        ¦ L 0.107¦ ¦ L 0.609¦ ¦ L 0.076¦ ¦ L 0.208¦
        ¦ G 0.107¦ ¦ G 0.609¦ ¦ G 0.076¦ ¦ G 0.208¦
        - - - - - -  - - - - - -  - - - - - -  - - - - - -
        ├─WOHNUNG1  ├─WOHNUNG1  ├─WOHNUNG1  ├─WOHNUNG1
        ¦ L 0.045   ¦ L 0.154   ¦ L 0.203   ¦ L 0.063
        ¦ G 0.005   ¦ G 0.094   ¦ G 0.015   ¦ G 0.013
        ├─WOHNUNG2  ├─WOHNUNG2  ├─WOHNUNG2  ├─WOHNUNG2
        ¦ L 0.378   ¦ L 0.154   ¦ L 0.075   ¦ L 0.188
        ¦ G 0.040   ¦ G 0.094   ¦ G 0.006   ¦ G 0.039
        ├─WOHNUNG3  ├─WOHNUNG3  ├─WOHNUNG3  ├─WOHNUNG3
        ¦ L 0.200   ¦ L 0.077   ¦ L 0.498   ¦ L 0.563
        ¦ G 0.021   ¦ G 0.047   ¦ G 0.038   ¦ G 0.117
        ├─WOHNUNG4  ├─WOHNUNG4  ├─WOHNUNG4  ├─WOHNUNG4
        ¦ L 0.378   ¦ L 0.615   ¦ L 0.224   ¦ L 0.188
        ¦ G 0.040   ¦ G 0.375   ¦ G 0.017   ¦ G 0.039


                          Wohnung

        Synthesis of Leaf Nodes with respect to   GOAL
                     DISTRIBUTIVE MODE


             OVERALL INCONSISTENCY INDEX =  0.05

WOHNUNG4 0.471 XXXXXXXXXXXXXXXXXXXXXXXXXXXXXXXXXXXXXXXXXXXXXXXXXXXXXXXXXX

WOHNUNG3 0.223 XXXXXXXXXXXXXXXXXXXXXXXXXXXXX

WOHNUNG2 0.179 XXXXXXXXXXXXXXXXXXXXXXXX

WOHNUNG1 0.127 XXXXXXXXXXXXXXXXX
```

Verwendete Software: Expert Choice 7.1

613.2   Politik

Die AHP-Methode kann auch zur *Kandidatenevaluation* im Hinblick auf *Ämterbesetzung* benutzt werden. Zu den meistbeachteten Fallstudien gehören die AHP-gestützten *Prognosen zu den amerikanischen Präsidentschaftswahlen* der Jahre 1976 (Carter, Ford), 1980 (Reagan, Carter, Anderson), 1984 (Reagan, Mondale) und 1988 (Bush, Duke), die durchwegs zur richtigen Voraussage des Wahlausgangs führten [*330*, p. 111-128].

Eine sich auf die Präsidentschaftswahlen von 1992 (Clinton, Bush) beziehende AHP-gestützte Untersuchung ist aus Abbildung 50 ersichtlich; die Ausarbeitung erfolgte im September 1992 - zwei Monate vor der aktuellen Wahl - ohne Berücksichtigung des sich damals als Präsidentschaftskandidat temporär zurückgezogenen Ross Perot. Außerdem war es nicht möglich, die zu erwartende Wahlbeteiligung in geeigneter Form in die Untersuchung einzubeziehen; auch auf eine - auf den benutzten Kriterienkatalog abgestimmte - Befragung amerikanischer Wahlberechtigter mußte verzichtet werden.

Abbildung 51 zeigt die Ergebnisse einer entsprechenden - bezüglich der berücksichtigten Kriterien anders strukturierten - Analyse eines Arbeitskreises um T. L. Saaty; die Untersuchung wurde im Oktober 1992 durchgeführt und dem Verfasser zur Publikation in dieser Arbeit zur Verfügung gestellt. Die Studie ist auf die Ergebnisse von Gruppenbefragungen abgestützt; es liegt ihr aber "not a scientific sample from the U.S population" zugrunde, so daß sie nach Auffassung von T. L. Saaty auch nicht als "a scientific forecast" bezeichnet werden sollte.

Besonders hervorzuheben ist, daß die ausgewiesenen Ergebnisse durch Zusatzuntersuchungen weiter analysiert werden können.

Für die ersterwähnte - vom Verfasser erstellte - Studie erbringt eine Sensitivitätsanalyse u.a. die aus Abbildung 52 ersichtlichen Ergebnisse; sie verdeutlichen die starke Gewichtung von Kriterium 5 (Leistungspotential: Außenpolitik); weiterhin wird gezeigt, daß eine stärkere Gewichtung von Kriterium 4 (Leistungspotential: Innenpolitik) - ausgehend von 0.174 - sich zugunsten von Clinton auswirken würde. Insgesamt treten die Stärken von Bush bei den Kriterien 2 und 5 besonders hervor.

Abbildung 50. AHP-Methode, US Präsidentschaftswahlen 1992 aus europäischer Sicht

```
                    US Präsidentschaftswahlen 1992

                            ┌─────────┐
                            ¦  GOAL   ¦
                            ¦         ¦
                            ¦ L 1.000 ¦
                            ¦ G 1.000 ¦
                            └─────────┘
                                 ¦
    ┌──────────┬──────────┬──────┴───┬──────────┬──────────┐
    ¦          ¦          ¦          ¦          ¦          ¦

┌─────────┐┌─────────┐┌─────────┐┌─────────┐┌─────────┐┌─────────┐
¦PERSON   ¦¦FAEHIG   ¦¦TAETIG   ¦¦INNENPOL ¦¦AUSSENPO ¦¦STUETZEN ¦
¦         ¦¦         ¦¦         ¦¦         ¦¦         ¦¦         ¦
¦ L 0.047 ¦¦ L 0.154 ¦¦ L 0.061 ¦¦ L 0.174 ¦¦ L 0.316 ¦¦ L 0.248 ¦
¦ G 0.047 ¦¦ G 0.154 ¦¦ G 0.061 ¦¦ G 0.174 ¦¦ G 0.316 ¦¦ G 0.248 ¦
└─────────┘└─────────┘└─────────┘└─────────┘└─────────┘└─────────┘

┐BILD      ┐FUEHRUNG  ┐REGFREMD  ┐BESCHPOL  ┐OEKOPOL   ┐KAMPAGNE
¦ L 0.431  ¦ L 0.335  ¦ L 0.054  ¦ L 0.153  ¦ L 0.521  ¦ L 0.081
¦ G 0.020  ¦ G 0.052  ¦ G 0.003  ¦ G 0.027  ¦ G 0.165  ¦ G 0.020
┐ALTER     ┐VERHANDL  ┐PARLAMEN  ┐FINANZPO  ┐SICHPOL   ┐PARTEI
¦ L 0.156  ¦ L 0.503  ¦ L 0.357  ¦ L 0.043  ¦ L 0.115  ¦ L 0.061
¦ G 0.007  ¦ G 0.077  ¦ G 0.022  ¦ G 0.007  ¦ G 0.036  ¦ G 0.015
┐GESUND    ┐KONSTANZ  ┐EXEKUTIV  ┐FISKALPO  ┐DEVELPOL  ┐VIZEKAND
¦ L 0.366  ¦ L 0.106  ¦ L 0.589  ¦ L 0.345  ¦ L 0.187  ¦ L 0.241
¦ G 0.017  ¦ G 0.016  ¦ G 0.036  ¦ G 0.060  ¦ G 0.059  ¦ G 0.060
┐CHARME    ┐INTEGRIT            ┐AGRARPOL  ┐WELTPOL   ┐MEDIEN
¦ L 0.048  ¦ L 0.055            ¦ L 0.056  ¦ L 0.177  ¦ L 0.255
¦ G 0.002  ¦ G 0.008            ¦ G 0.010  ¦ G 0.056  ¦ G 0.063
                                ┐ENERGPOL            ┐GEWERKS
                                ¦ L 0.164            ¦ L 0.170
                                ¦ G 0.029            ¦ G 0.042
                                ┐SOZIALPO            ┐GRUPPEN
                                ¦ L 0.196            ¦ L 0.191
                                ¦ G 0.034            ¦ G 0.047
                                ┐TECHPOL
                                ¦ L 0.042
                                ¦ G 0.007
```

```
                    US Präsidentschaftswahlen 1992

             Synthesis of Leaf Nodes with respect to   GOAL
                          DISTRIBUTIVE MODE

                 OVERALL INCONSISTENCY INDEX =  0.02

CLINTON  0.541  XXXXXXXXXXXXXXXXXXXXXXXXXXXXXXXXXXXXXXXXXXXXXXXXXXXXXXXXX

BUSH     0.459  XXXXXXXXXXXXXXXXXXXXXXXXXXXXXXXXXXXXXXXXXXXXXXXXXX
```

Verwendete Software: Expert Choice 7.1

Abbildung 51. AHP-Methode, US Präsidentschaftswahlen 1992 aus amerikanischer Sicht

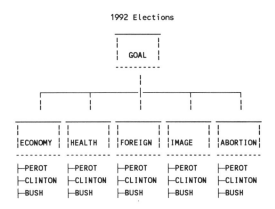

1992 Elections

```
JUDGMENTS WITH RESPECT TO
        GOAL
```

	ECONOMY	HEALTH	FOREIGN	IMAGE	ABORTION
ECONOMY		3.0	7.0	5.0	7.0
HEALTH			6.0	6.0	4.0
FOREIGN				(3.0)	2.0
IMAGE					2.0
ABORTION					

Matrix entry indicates that ROW element is ___
 1 EQUALLY 3 MODERATELY 5 STRONGLY 7 VERY STRONGLY 9 EXTREMELY
more IMPORTANT than COLUMN element unless enclosed in parenthesis.

GOAL: 1992 Elections

PRIORITIES

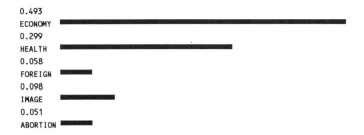

INCONSISTENCY RATIO = 0.082.

```
                    JUDGMENTS WITH RESPECT TO
                       ECONOMY < GOAL

          PEROT    CLINTON    BUSH
PEROT                1.0       2.0
CLINTON                        1.0
BUSH
```

```
                    GOAL: 1992 Elections


                       PRIORITIES

0.413
PEROT   ████████████████████████████████████████████
0.327
CLINTON ████████████████████████████████████
0.260
BUSH    ████████████████████████████
```

```
                 INCONSISTENCY RATIO = 0.051.
```

```
                       1992 Elections

        Synthesis of Leaf Nodes with respect to    GOAL
                      DISTRIBUTIVE MODE


            OVERALL INCONSISTENCY INDEX =  0.07

CLINTON  0.444  ██████████████████████████████████████████
PEROT    0.288  ███████████████████████████
BUSH     0.268  █████████████████████████
```

Verwendete Software: Expert Choice 8.0

Abbildung 52. AHP-Sensitivitätsanalyse, einfach

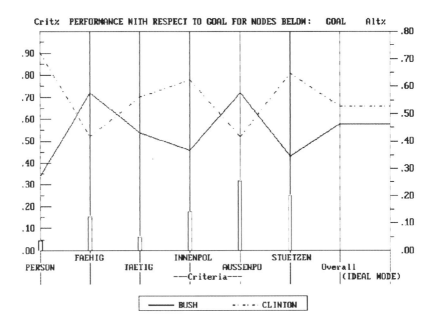

Verwendete Software: Expert Choice 7.1

Analoge Sensitivitätsanalysen können auch für die Saaty-Studie durchgeführt werden. Von einer veränderten - von 0.493 ausgehenden - Bewertung der gesamtwirtschaftlichen Faktoren würde Bush praktisch nicht profitieren, ganz im Gegensatz zu den gegenläufigen Tendenzen bei Clinton und Perot. Vgl. Abbildung 53. Die den Kandidaten zugemessenen unterschiedlichen Positionen in Bezug auf Außenpolitik und Abtreibung werden aus dem in Abbildung 54 dargestellten 2-D Plot besonders deutlich.

Daß derartige Untersuchungen zur Steuerung der Wahlpropaganda geeignet sind, ist offensichtlich.

Abbildung 53. AHP-Sensitivitätsanalyse, differenziert

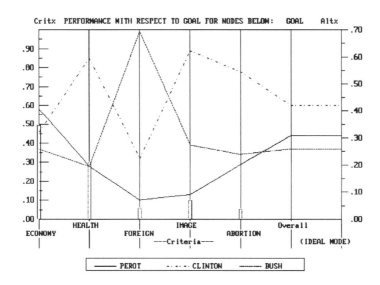

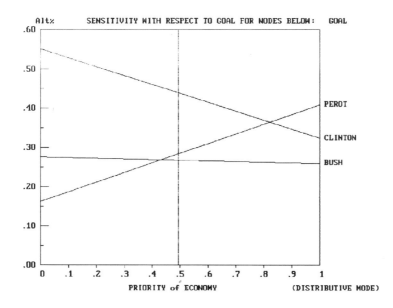

Verwendete Software: Expert Choice 8.0

Abbildung 54. AHP-Sensitivitätsanalyse, 2-D-Plot

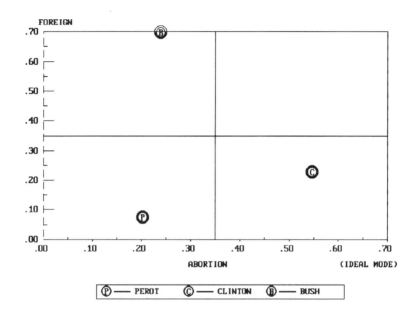

62 AHP-Forschung und -Praxis

Zur *AHP-Methodologie* liegt eine sehr umfangreiche *Literatur* vor. In den folgenden Tabellen sind - basierend auf dem Literaturverzeichnis - *Arbeiten* aufgeführt, die sich besonders ausführlich mit einzelnen *Themenkomplexen* auseinandersetzen, wesentlich neue Aspekte und/oder konzise Zusammenfassungen des aktuellen Forschungsstandes vermitteln. Speziell zu verweisen ist auch auf die *Basistextbücher* von T. L. Saaty und der mit ihm liierten Autoren (M. Alexander, K. Kearns und L. G. Vargas) sowie auf die Arbeiten von R. Dyer und E. Forman.

Bezüglich der *Praxisbeispiele* ist die starke *betriebswirtschaftliche Orientierung* bemerkenswert. Die AHP-Methodologie findet aber - wie aus Tabelle 65 hervorgeht - auch auf zahlreichen *anderen Gebieten* Verwendung. Tabelle 66 orientiert über AHP-Weiterentwicklungen und verweist auf kritische Diskussionen zur AHP-Methodologie.

Tabelle 65. AHP-Methodologie, Literaturauswahl

```
Grundlagen: 20, 56, 122, 142, 174, 186, 235, 244, 265, 282, 289, 308, 318, 341, 347, 399, 401, 451

Hierarchiebildung, Attributsvergleich, Konsistenzprüfung: 119, 130, 246, 283, 286, 296, 303, 326,
333, 343, 361, 362, 364, 383, 394, 397, 402, 426, 434

Lehrbücher Monographien: 96, 98, 244, 305, 308, 311, 312, 318, 330, 331
```

Tabelle 66. AHP-Anwendungsbeispiele, Literaturauswahl

```
Betriebswirtschaftslehre

Absatz, Logistik: 13, 95, 96, 98, 122, 147, 148, 197, 244, 265, 284, 358, 382, 399, 421, 423, 428,
429, 430

Finanzierung, Investition: 25, 112, 128, 196, 322, 331, 354, 366, 368  384, 400, 414

Forschung, Entwicklung: 170, 212, 218, 219, 225, 244, 265, 401, 407

Produktion: 17, 84, 112, 125, 201, 382

Sonstige Bereiche: 16, 18, 19, 20, 37, 121, 184, 186, 244, 265, 318, 346, 379, 437, 441, 443

Volkswirtschaftslehre

Energiewirtschaft: 22, 140, 149, 151, 232, 316, 320

Verkehrswirtschaft: 24, 112, 285, 331

Sonstige Bereiche: 28, 45, 46, 331

Übrige Anwendungen

Erziehung, Bildung, Karriere: 32, 54, 183, 186, 315, 321, 331, 389, 420, 422

Konfliktforschung: 5, 6, 7, 305, 312, 331, 332

Technologie, Architektur: 33, 150, 251, 305, 311, 314

Sonstige Bereiche: 22, 112, 251, 265, 289, 297, 319, 331, 345, 357, 376, 443
```

Tabelle 67. AHP-Weiterentwicklung, Neuansätze und Kritik, Literaturauswahl

Weiterentwicklungen
Gruppenentscheidungen: 21, 23, 36, 97, 142, 144, 158, 188, 244, 250, 265, 308, 331
Attributsvergleiche, Gewichtung, Eigenvektormethode: 14, 29, 30, 31, 35, 40, 73, 78, 83, 112, 142, 157, 159, 160, 161, 165, 183, 186, 190, 192, 210, 211, 229, 234, 243, 265, 294, 295, 299, 300, 308, 323, 325, 327, 329, 342, 374, 380, 393, 396, 419
Sonstige Bereiche: 6, 7, 106, 205, 305, 331, 398
Neuansätze und Kritik
Allgemein: 2, 3, 8, 15, 77, 126, 188, 202, 227, 259, 261, 265, 377, 438
Modellbildung, -Bearbeitung, -Auswertung: 41, 42, 66, 72, 81, 91, 94, 112, 162, 166, 167, 171, 247, 304, 309, 310, 410, 422, 432, 433

7   Literaturverzeichnis

[1]   Ackoff, Russell L. and Sasieni, Maurice W.: Fundamentals of Operations Research. New York: Wiley, 1968.

[2]   Aczél, J. and Alsina, C.: On Synthesis of Judgements. Socio-Economic Planning Sciences 20(1986)6, p. 333-339.

[3]   -   -   : Synthesizing Judgements. A Functional Equations Approach. Mathematical Modelling 9(1987)3-5, p. 311-320.

[4]   -   and Saaty, T. L.: Procedures for Synthesizing Ratio Judgements. Journal of Mathematical Psychology 27(1983)1, March, p. 93-102.

[5]   Alexander, Joyce M.: Priorities and Preferences in Conflict Resolution. Mathematics and Computers in Simulation 25(1983)2, p. 108-119.

[6]   -   and Saaty, Thomas L.: The Forward and Backward Processes of Conflict Analysis. Behavioral Science 22(1977)2, March, p. 87-98.

[7]   -   -   : Stability Analysis of the Forward-Backward Process. Northern Ireland Case Study. Behavioral Science 22(1977)6, December, p. 375-382.

[8]   Algie, J.; Mallen, G. and Foster, W.: Financial Cutback Decisions by Priority Scaling. Journal of Management Studies 20(1983)2, p. 232-260.

[9]   Alpert, Mark I.: Identification of Determinant Attributes. A Comparison of Methods. Journal of Marketing Research 8(1971)2, May, p. 184-191.

[10]   Anderson, David R.; Sweeney, Dennis J. and Williams, Thomas A.: Quantitative Methods for Business. 3rd ed. St. Paul: West Publishing, 1986.

[11]   Anderson, Evan E.: Choice Models for the Evaluation and Selection of Software Packages. Journal of Management Information Systems 6(1990)4, Spring, p. 123-138.

[12]   Angehrn, Albert A.: Designing Humanized Systems for Multiple Criteria Decision Making. Human Systems Management 10(1991)3, p. 221-231.

[13]   Arbel, Ami: Venturing into New Technological Markets. Mathematical Modelling 9(1987)3-5, p. 299-308.

[14]   -   : Approximate Articulation of Preference and Priority Derivation. European Journal of Operational Research 43(1989)1, November, p. 317-326.

[15]   -   and Oren, Shmuel, S.: Generating Search Directions in Multiobjective Linear Programming Using the Analytic Hierarchy Process. Socio-Economic Planning Sciences 20(1986)6, p. 369-373.

[16]   -   and Orgler, Yair E.: An Application of the AHP to Bank Strategic Planning. The Mergers and Acquisitions Process. European Journal of Operational Research 48(1990)1, p. 27-37.

[17]   -   and Seidmann, Abraham: Performance Evaluation of Flexible Manufacturing Systems. IEEE Transactions on Systems, Man, and Cybernetics 14(1984)4, July/August, p. 696-617.

[18]   -   -   : Selecting a Microcomputer for Process Control and Data Acquisition. IEE Transactions 16(1984)1, March, p. 73-80.

[19]   -   -   : Designing a Multi-Micro Distibuted Accounting Information System. Human Systems Management 5(1985)4, p. 283-291.

[20]   -   and Tong, Richard M.: On the Generation of Alternatives in Decision Analysis Problems. Journal of the Operational Research Society 33(1982)4, p. 377-387.

[21]   Arrington, C. Edward; Hillison, William and Jensen, Robert E.: An Application of Analytical Hierarchy Process to Model Expert Judgments on Analytical Review Procedures. Journal of Accounting Research 22(1984)1, Spring, p. 298-312.

[22]   -   ; Jensen, Robert E. and Tokutani, Masao: Scaling of Corporate Multivariate Performance Criteria. Subjective Composition Versus the Analytic Hierarchy Process. Journal of Accounting and Public Policy 1(1982)2, p. 95-123.

[23]   Azani, Hossein and Khorramshahgol, Reza: Analytic Delphi Method (ADM). A Strategic Decision Making Model Applied to Location Planning. Engineering Costs and Production Economics 20(1990)1, July, p. 23-28.

[24]   Azis, Iwan J.: Analytic Hierarchy Process in the Benefit Cost Framework. A Post-Evaluation of the Trans-Sumatra Highway Project. European Journal of Operational Research 48(1990)1, p. 38-48.

[25]   Bahmani, Nick; Yamoah, David; Basseer, Potkin and Rezvani, Farahmand: Using the Analytic Hierarchy Process to Select Investment in a Heterogenous Environment. Mathematical Modelling 8 (1987) , p. 157-162.

[26]   Bamberg, Günter and Coenenberg, Adolf G.: Betriebswirtschaftliche Entscheidungslehre. 6. Auflg., München: Vahlen, 1991.

[27]   Bana e Costa, Carlos A. (ed.): Readings in Multiple Criteria Decision Aid. Berlin: Springer, 1990.

[28]   Banai-Kashani, A. R.: Dominance and Dependence in Input-Output Analysis. The Nonlinear (Network) Approach. Mathematical
Modelling 9(1987)3-5, p. 377-380.

[29]   Barbeau, Ed: Perron's Result and a Decision on Admissions Tests. Mathematics Magazine 59(1986)1, p. 12-22.

[30]   Barbeau, E. J.: Reciprocal Matrices of Order 4. Mathematical Modelling 9(1987)3-5, p. 321-325.

[31]   Bard, Jonathan F.: User's Manual for AHP (The Analytic Hierarchy Process). Austin: University of Texas, Department of Mechanical Engineering, 1985.

[32]   -   : A Multiobjective Methodology for Selecting Subsystem Automation Options. Management Science 32(1986)12, December, p. 1628-1641.

[33]   -   : Evaluating Space Station Applications of Automation and Robotics. IEEE Transaction on Engineering Management 33(1986)2, May, p. 102-111.

[34]   -   : A Comparison of the Analytic Hierarchy Process with Multiattribute Utility Theory. A Case Study. IIE Transactions 24(1992)5, November, p. 111-121.

[35]   Barzilai, Jonathan; Cook, W. D. and Golany, B.: Consistent Weights for Judgements Matrices of the Relative Importance of Alternatives. Operations Research Letters 6(1987)3, July, p. 131-134.

[36]   -   and Golany, Boaz: Deriving Weights from Pairwise Comparison Matrices. The Additive Case. Operations Research Letters 9(1990)6, November, p. 407-410.

[37]   Basak, I.: When to Combine Group Judgments and When Not to in the Analytic Hierarchy Process. A New Method. Mathematical and Computer Modelling 10(1988)6, p. 395-404.

[38]   Bedard, Jean C.; Gopi, Babu R. and Vijayalakshmi, B.: A Multiple Criteria Model for Audit Planning Decisions. Contemporary Accounting Research 8(1991)1, Fall, p. 293-308.

[39]   Bell, David E.; Raiffa, Howard and Tversky, Amos (eds.): Decision Making. Descriptive, Normative, and Prescriptive Interactions. Cambridge: Cambridge University Press, 1988.

[40]   Belton, Valerie: A Comparison of the Analytic Hierarchy Process and a Simple Multi-Attribute Value Function. European Journal of Operational Research 26(1986)1, July, p. 7-21.

[41]   -   and Gear, Tony: On a Short-Coming of Saaty's Method of Analytic Hierarchies. Omega 11(1983)3, p. 228-230.

[42]   -   -   : The Legitimacy of Rank Reversal. A Comment. Omega 13(1985)3, p. 143-144.

[43]   Benayoun R.; de Montgolfier, J.; Tergny, J. and Laritchev, O.: Linear Programming with Multiple Objective Functions. Step Method (STEM). Mathematical Programming 1(1971)3, p. 366-375.

[44]   Bernardo, John J. and Blin, J. M.: A Programming Model of Consumer Choice Among Multi-Attributed Brands. Journal of Consumer Research 4(1977)2, September, p. 111-118.

[45]   Blair, Andrew R.; Nachtmann, Robert; Olson, Josephine E. and Saaty, Thomas L.: Forecasting Foreign Exchange Rates. An Expert Judgment Approach. Socio-Economic Planning Sciences 21(1987)6, p. 363-369.

[46]   -   -   and Saaty, Thomas L.: On Forecasting Economic Recoveries. The Case of the U.S. Economy in 1992. Pittsburgh: University of Pittsburgh, 1992.

[47]   Bloch, Willy: Arbeitsbewertung. Grundlagen und Anwendung. Zürich: Industrielle Organisation, 1959.

[48]   Bogetoft, Peter and Pruzan, Peter.: Planning with Multiple Criteria. Investigation, Communication, Choice. Amsterdam: North-Holland, 1991.

[49]   Boritz, Jefim E.: Approaches to Dealing with Risk and Uncertainty. Toronto: Canadian Institute of Chartered Accountants, 1990.

[50]   Brans, J. P. (ed.): Operational Research '81. Proceedings of the Ninth IFORS International Conference on Operational Research. Amsterdam: North-Holland, 1981.

[51]   Buchanan, John T.: Multiple Objective Mathematical Programming. A Review. New Zealand Operational Research 14(1986)1, January, p. 1-27.

[52]   Buckley, Walter (ed.): Modern Systems Research for the Behavioral Scientist. A Sourcebook. Chicago: Aldine, 1968.

[53]   Buede, Dennis M: Overview of the MCDA Software Market. Multi-Criteria Decision Analysis 1(1991)1, July, p. 59-61.

[54]   Canada, John R.; Frazelle, Edward H.; Koger, Robert K. and MacCormac, Earl. How to Make a Career Choice. The Use of the Analytic Hierarchy Process. Industrial Management 27(1985)5, p. 16-22.

[55]   -   and Edwards, Robert L.: Should We Automated Now? Evaluation of Computer-Integrated Manufacturing Systems. An Applications Manual with Handy Forms. Raleigh: North Carolina State University, 1986.

[56]   -   and Sullivan, William G.: Economic and Multiattribute Evaluation of Advanced Manufacturing Systems. Englewood Cliffs: Prentice-Hall, 1989.

[57]   Chang, Yih-Long and Sullivan, Robert S.: Quantitative Sytems for Business QSB. Version 2.0. Englewood Cliffs: Prentice-Hall, 1986.

[58]   -   -   : QSB+. Quantitative Systems for Business Plus. Version 2.0. Englewood Cliffs: Prentice-Hall, 1991.

[59]   -   and Sullivan, William G.: Economic and Multiattribute Evaluation of Advanced Manufacturing Systems. Englewood Cliffs: Prentice-Hall, 1989.

[60]   Cavallo, Roger (ed.): Systems Methodology in Social Science Research. Dordrecht: Kluwer, 1982.

[61]   Changkong, Vira; Heimes, Yacov Y.; Thadathil, J. and Zionts, S.: Multiple Criteria Optimization. A State of the Art Review. In: Haimes, Yacov Y. and Changkong, Vira (eds.). Decision Making with Multiple Objectives. Heidelberg: Springer, 1985, p. 36-90.

[62]   Charnes, A. and Cooper, W. W.: Goal Programming and Multiple Objective Optimizations. European Journal of Operational Research 1(1977)1, p. 39-54.

[63]   Chen, Shu-Jen and Hwang, Ching-Lai: Fuzzy Multiple Attribute Decision Making. Methods and Applications. Berlin: Springer, 1992.

[64]   Churchman, C. West and Ratoosh, Philburn (eds.): Measurement. Definitions and Theories. New York: Wiley, 1962.

[65]   Cochrane, James L. and Zeleny, Milan (eds.): Multiple Criteria Decision Making. Columbia: University of South Carolina Press, 1973.

[66]   Cogger, K. O. and Yu, P. L.: Eigenweight Vectors and Least-Distance Approximation for Revealed Preference in Pairwise Weight Ratios. Journal of Optimization Theory and Applications 46(1985)4, p. 483-491.

[67]   Cohon, Jared L.: Multiobjective Programming and Planning. New York: Academic Press, 1978.

[68]   Comrey, Andrew L.: A Proposed Method for Absolute Ratio Scaling. Psychometrika 15(1950)3, September, p. 317-325.

[69]   Cook, Thomas; Falchi, Paul and Mariano, Reynaldo: An Urban Allocation Model Combining Time Series and Analytic Hierarchical Methods. Management Science 30(1984)2, February, p. 198-208.

[70]   Cook, Wade D. and Kress, Moshe: Deriving Weights from Pairwise Comparison Ratio Matrices. An Axiomatic Approach. European Journal of Operational Research 37(1988)3, p. 355-362.

[71]   Couger, J. Daniel and Knapp, Robert W. (eds.): System Analysis Techniques. New York: Wiley, 1974.

[72]   Crawford, Gordon B.: The Geometric Mean Procedure for Estimating the Scale of a Judgement Matrix. Mathematical Modelling 9(1987)3-5, p. 327-334.

[73]   -   and Williams, Cindy: A Note on the Analysis of Subjective Judgment Matrices. Journal of Mathematical Psychology 29(1985)4, December, p. 387-405.

[74]   Critchlow, D. E. and Verducci, J. S.: Detecting a Trend in Paired Rankings. Applied Statistics 41(1992)1, p. 17-29.

[75]   Dalkey, Norman C.: Group Decision Analysis. In: Zeleny, Milan (ed.). Multiple Criteria Decision Making. Heidelberg: Springer, 1976, p. 45-74.

[76]   Dash, Gordon H., Jr. and Kajiji, Nina M.: Operations Research Software. Homewood: Irwin, 1988.

[77]   Debeljak, C. J.; Haimes, Y. Y. and Leach, M.: Integration of the Surrogate Worth Trade-Off Method and the Analytic Hierarchy Process. Socio-Economic Planning Sciences 20(1986)6, p. 375-385.

[78]   de Jong, Piet: A Statistical Approach to Saaty's Scaling Method for Priorities. Journal of Mathematical Psychology 28(1984)4, December, p. 467-478.

[79]   Delhaye, C.; Teghem, J. and Kunsch, P.: Application of the
ORESTE Method to a Nuclear Waste Management Problem. International Journal of Production Economics 24(1991)1/2, November, p. 29-39.

[80]   de Montgolfier, Jean et Bertier, Patrice: Approche multicritère des problèmes de décision. Paris: Hommes et Techniques, 1978.

[81]   Dennis, S. Y.: A Probabilistic Model for the Assignment of Priorities in the Hierarchically Structured Decision Problems. Mathematical Modelling 9(1987)3-5, p. 335-343.

[82]   de Samblanckx, S.; Depraetere, P. and Muller, H.: Critical Condiderations Concerning the Multicriteria Analysis by the Method of Zionts and Wallenius. European Journal of Operational Research 10(1982)1, p. 70-76.

[83]   DeTurck, D. M.: The Approach to Consistency in the Analytic Hierarchy Process. Mathematical Modelling 9(1987)3-5, p. 345-352.

[84]   Dicker, Paul F. and Dicker, Michael P.: Involved in Systems Evaluation? Use a Multiattribute Analysis Approach to Get the Answers. Industrial Engineering 23(1991)5, May, p. 43-46, 73.

[85]   Dinkelbach, Werner: Entscheidungsmodelle. Berlin: de Gruyter, 1982.

[86]   Donegan, H. A. and Dodd, F. J.: A Note on Saaty's Random Indexes. Mathematical Computer Modelling 15(1991)10, p. 135-137.

[87]   -   -   and McMaster, T. B.: A New Approach to AHP Decision-Making. The Statistician 41(1992)3, p. 295-302.

[88]   Driscoll, Donna A.; Lin, W. Thomas and Watkins, Paul R.: Cost-Volume-Profit Analysis under Uncertainty. A Synthesis and Framework for Evaluation. Journal of Accounting Literature 3(1984), p. 85-115.

[89]   Dyckhoff, H.: Kompensation bei Entscheidungskriterien. OR Spektrum 7(1985)4, S. 195-207.

[90]   Dyer, James S.: A Time-Sharing Computer Program for the Solution of the Multiple Criteria Problem. Management Science 19(1973)12, August, p. 1379-1383.

[91]   -   : Remarks on the Analytic Hierarchy Process. Management Science 36(1990)3, March, p. 249-258.

[92]   -   and Sarin, Rakesh K.: Measurable Multiattribute Value Functions. Operations Research 27(1979)4, July-August, p. 810-822.

[93]   -   -   : Relative Risk Aversion. Management Science 28(1981)8, August, p. 875-886.

[94]   -   : A Clarification of "Remarks on the Analytic Hierarachy Process." Management Science 36(1990)3, March, p. 274-275.

[95]   Dyer, Robert F.: An Integrated Design for Personal Computers in the Marketing Curriculum. Journal of the Academy of Marketing Science 15(1987)2, Summer, p. 16-24.

[96]   -   and Forman, Ernest H.: An Analytic Approach to Marketing Decisions. Englewood Cliffs: Prentice-Hall, 1991.

[97]   -   -   : Group Decision Support with the Analytic Hierarchy Process. Decision Support Systems 8(1992)2, April, p. 99-124.

[98]   -   and Forman, Eileen A.; Forman, Ernest H. and Jouflas, Georgann: Case Studies in Marketing Decisions Using Expert Choice. McLean: Decision Support Software, 1988.

[99]   Eckenrode, Robert T.: Weighting Multiple Criteria. Management Science 12(1966)3, November, p. 180.191.

[100]   Edwards, Ward: How to Use Multiattribute Utility Measurement for Social Decisionmaking. IEEE Transactions on Systems, Man, and Cybernetics 7(1977)5, May, p. 326-340.

[101]   -   and Newman, J. Robert: Multiattributive Evaluation. Newbury Park: Sage, 1990.

[102]   -   : Multiattribute Utility for Evaluation. Structures, Uses, and Problems. In: Klein, Malcolm W. and Teilmann, Katherine S. (eds.): Handbook of Criminal Justice Evaluation. Beverly Hills: Sage, 1980, p. 177-215.

[103]   Eils, Lee C. III and John, Richard S.: A Criterion Validation of Multiattribute Utility Analysis and of Group Communication Strategy. Organizational Behavior and Human Performance 25(1980), p. 267-288.

[104]   Emory, C. William: Business Research Methods. 3rd ed. Homewood: Irwin, 1985.

[105]   Emmons, Hamilton; Flowers, A.; Khot, Chandrashekhar M. and Mathur, Kamlesh: STORM. Quantitative Modeling for Decision Support. Personal Version 2.0. Englewood Cliffs: Prentice Hall, 1989.

[106]   Emshoff, James R. and Saaty, Thomas L.: Applications of the Analytic Hierarchy Process to Long Range Planning Processes. European Journal of Operational Research 10(1982)2, p. 131-143.

[107]   Erikson, Warren J. and Hall, Owen P.: Computer Models for Management Science. 3rd ed. Reading: Addison-Wesley, 1989.

[108]   Evans, Gerald W.: An Overview of Techniques for Solving Multiobjective Mathematical Programs. Management Science 30(1984)11, November, p. 1268-1282.

[109]   Expert Choice, Inc.: Expert Choice. Version 7.1. Based on the Analytic Hierarchy Process. McLean: Decision Support Software, 1991.

[110]   -   : Expert Choice. Walk-Through. Pittsburgh: Expert Choice, 1991.

[111]   -   : Newtech Expert Choice. A Decision Support System for the Adoption of New Technology. McLean: Decision Support Software, 1991.

[112] -   : Expert Choice. Version 8.0. Based on the Analytic Hierarchy Process. McLean: Decision Support Software, 1992.

[113]   Faludi, Andreas and Voogd, Henk (eds.): Evaluation of Complex Policy Problems. Delft: Delftsche U.M., 1985.

[114]   Fandel, Günter: Optimale Entscheidungen bei mehrfacher Zielsetzung. Berlin: Springer, 1972.

[115]   -   und Gehring, Hermann (Hrsg.): Operations Research. Beiträge zur quantitativen Wirtschaftsforschung. Thomas Gal zum 65. Geburtstag. Berlin: Springer, 1991.

[116]   -   and Spronk, Jaap (eds.): Multiple Criteria Decision Methods and Applications. Berlin: Springer, 1985.

[117]   Farquhar, Peter H.: Utility Assessment Methods. Management Science 30(1984)11, November, p. 1283-1300.

[118]   Ferschl, Franz: Nutzen- und Entscheidungstheorie. Einführung in die Logik der Entscheidungen. Opladen: Westdeutscher Verlag, 1975.

[119]   Fichtner, John: On Deriving Priority Vectors from Matrices of Pairwise Comparisons. Socio-Economic Planning Sciences 20(1986)6, p. 341-345.

[120]   Fishburn, Peter C.: Utility Theory for Decision Making. New York: Wiley, 1970.

[121]   Flores, Benito E.; Olson, David L. and Wolfe, Christopher: Judgmental Adjustment of Forecasts. A Comparison of Methods. International Journal of Forecasting 7(1992)4, March, p. 421-433.

[122]   Forman, Ernest H.: Multi Criteria Decision Making and the Analytic Hierarchy Process. In: Bana e Costa, Carlos A. (ed.). Readings in Multiple Criteria Decision Aid. Heidelberg: Springer, 1990, p. 295-318.

[123]   -   : Random Indices for Incomplete Pairwise Comparison Matrices. European Journal of Operational Research 48(1990)1, p. 153-155.

[124]   -   : Relative vs Absolute Worth. Mathematical Modelling 9(1987)3-5, p. 195-202.

[125]   Frazelle, Ed: Suggested Techniques Enable Multi-Criteria Evaluation of Material Handling Alternatives. Industrial Engineering 17(1985)2, February, p. 42-44, 46-48.

[126]   French, Simon: Decison Theory. An Introduction to the Mathematics of Rationality. Chichester: Horwood, 1988.

[127]   -   ; Hartley, G.; Thomas, M. and White, D. (eds.): Multiobjective Decision Making. London: Academic Press, 1983.

[128]   Fuller, Sieglinde K.: Evaluating Fire Protection Investment Decisions for Homeowners. Socio-Economic Planning Sciences 25(1991)2, p. 143-154.

[129]   Gal, Tomas (Hrsg.): Grundlagen des Operations Research. 3 Bde. Heidelberg: Springer, 1987.

[130]   Gantmacher, F. R.: The Theory of Matrices. 2 vol. New York: Chelsea, 1960.

[131]   Gass, Saul I.: Linear Programming. Methods and Applications. 3rd ed. New York: McGraw-Hill, 1969.

[132]   -   : A Process for Determining Priorities and Weights for Large-Scale Linear Goal Programmes. Journal of the Operational Research Society 37(1986)8, p. 779-785.

[133]   -   : The Setting of Weights in Linear Goal-Programming Problems. Computers and Operations Research 14(1987)3, p. 227-229.

[134]   -   and Joel, Lambert S.: Concepts of Model Confidence. Computers and Operations Research 8(1981)4, p. 341-346.

[135]   -   and Torrence, Sara R.: On the Development and Validation of Multicriteria Ratings. A Case Study. Socio-Economic Planning Sciences 25(1991)2, p. 133-142.

[136]   Gear, Tony E.; Locket, Alan G. and Muhlemann, Alan P.: A Unified Approach to the Acquisition of Subjective Data in R & D. IEEE Transactions on Engineering Management 29(1982)1, February, p. 11-19.

[137]   Geoffrion, A. M.; Dyer, J. S. and Feinberg, A.: An Interactive Approach for Multi-Criterion Optimization, with an Application to the Operation of an Academic Department. Management Science 19(1972)4, December, p. 357-368.

[138]   Gerrish, Wes: Pain in Creative Writing. Quick Relief Using the Analytic Hierarchy Process. Mathematics and Computers in Simulation 25(1983)2, p. 120-124.

[139]   Gershon, Mark: The Role of Weights and Scales in the Application of Multiobjective Decision Making. European Journal of Operational Research 15(1984)2, p. 244-250.

[140]   Gholamnezhad, A. H. and Saaty, T. L.: A Desired Energy Mix for the United States in the Year 2000. An Analytic Hierarchy Approach. International Journal of Policy Analysis and Information Systems 6(1982)1, p. 47-64.

[141]   Goicoechea, Ambrose; Hansen, Don R. and Duckstein, Lucien. Multiobjective Decision Analysis with Engineering and Business Applications. New York: Wiley, 1982.

[142]   Golden, Bruce L.; Wasil, Edward A. and Harker, Patrick T. (eds.): The Analytic Hierarchy Process. Applications and Studies. Heidelberg: Springer, 1989.

[143]   Goodwin, Paul and Wright, George: Decision Analysis for Management Judgement. Chichester: Wiley, 1991.

[144]   Grizzle, Gloria A.: Priority-Setting Methods for Plural Policymaking Bodies. Administration and Society 17(1985)3, November, p. 331-359.

[145]   -   : Pay for Performance. Can the Analytic Hierarchy Process Hasten the Day in the Public Sector? Mathematical Modelling 9(1987)3-5, p. 245-250.

[146]   Hackl, Peter (ed.): Statistical Analysis and Forecasting of Economic Structural Change. Berlin: Springer, 1989.

[147]   Haedrich, Günther; Kuß, Alfred und Kreilkamp, Edgar: Der Analytic Hierarchy Process. Ein neues Hilfsmittel zur Analyse und Entwicklung von Unternehmens- und Marketingstrategien. WiSt. Wirtschaftswissenschaftliches Studium 15(1986)3, März, S. 120-126.

[148]   -   and Tomczak, Torsten: Analyse von Konfliktpotentialen im Hersteller- und Handelsmarketing mit Hilfe des Verfahrens "Analytic Hierarchy Process (AHP)". Die Betriebswirtschaft 48(1988)5, S. 635-650.

[149]   Hämäläinen, Raimo P.: Computer Assisted Energy Policy Analysis in the Parliament of Finland. Interfaces 18(1988)4, July-August, p. 12-23.

[150]   -   : A Decision Aid in the Public Debate on Nuclear Power. European Journal of Operational Research 48(1990)1, p. 66-76.

[151]   -   and Seppäläinen, Timo O.: The Analytic Network Process in Energy Policy Planning. Socio-Economic Planning Sciences 20(1986)6, p. 399-405.

[152]   Hahn, Dietger: Planungs- und Kontrollrechnung. PuK. 3. Auflg. Wiesbaden: Gabler, 1985.

[153]   Haimes, Yacov Y. and Chankong, Vira (eds.): Decision Making with Multiple Objectives. Berlin: Springer, 1985.

[154]   Hall, Arthur D.: A Methodology for Systems Engineering. Princeton: Van Nostrand, 1962.

[155]   Hamburg, Morris: Statistical Analysis for Decision Making. New York: Harcourt, Brace and World, 1970.

[156]   Hannan, Edward L.: Contrasting Fuzzy Goal Programming and "Fuzzy" Multicriteria Programming. Decision Sciences 13(1982)2, April, p. 337-339.

[157]   -   : An Eigenvalue Method for Evaluating Contestants. Computers and Operations Research 10(1983)1, p. 41-46.

[158]   Harker, Patrick T.: Alternative Modes of Questioning in the Analytic Hierarchy Process. Mathematical Modelling 9(1987)3-5, p. 353-360.

[159]   -   : Incomplete Pairwise Comparisons in the Analytic Hierarchy Process. Mathematical Modelling 9(1987)11, p. 837-848.

[160]   -   : Derivatives of the Perron Root of a Positive Reciprocal Matrix. With Application to the Analytic Hierarchy Process. Applied Mathematics and Computations 22(1987), p. 217-232.

[161]   -   and Vargas, Luis G.: The Theory of Ratio Scale Estimation. Saaty's Analytic Hierarchy Process. Management Science 33(1987)11, November, p. 1383-1403.

[162]   -   . -   : Reply to "Remarks on the Analytic Hierarchy Process" by J. S. Dyer. Management Science 36(1990)3, March, p. 269-273.

[163]   Hartley, Ronald V.: Operations Research. A Managerial Emphasis. Pacific Palisades: Goodyear, 1976.

[164]   Hertz, David B. and Thomas, Howard: Risk Analysis and its Applications. New York: Wiley, 1983.

[165]   Hobbs, Benjamin F.: A Comparison of Weighting Methods in Power Plant Siting. Decision Sciences 11(1980)4, October, p. 725-737.

[166]   Holder, R. D.: Some Comments on the Analytic Hierarchy Process. Journal of the Operational Research Society 41(1990)11, p. 1073-1076.

[167]   -   : Reponse to the Response. Journal of the Operational Research Society 41(1991)10, p. 914-918.

[168]   Huber, George P.: Multi-Attribute Utility Models. A Review of Field and Field-Like Studies. Management Science 20(1974)10, June, p. 1393-1402.

[169]   Huber, Joel; Payne, John W. and Puto, Christopher: Adding Asymmetrically Dominated Alternatives. Violations of Regularity and the Similarity Hypothesis. Journal of Consumer Research 9(1982)1, June, p. 90-98.

[170]   -   and Puto, Christopher: Market Boundaries and Product Choice. Illustrating Attraction and Substitution Effects. Journal of Consumer Research 10(1983)1, June, p. 31-44.

[171]   Hughes, Warren, R.: Deriving Utilities Using the Analytic Hierarchy Process. Socio-Economic Planning Sciences 20(1986)6, p. 393-395.

[172]   Hwang, Ching-Lai and Lin, Ming-Jeng: Group Decision Making under Multiple Criteria. Methods and Applications. Berlin: Springer, 1987.

[173]   -   and Masud, Abu S. (eds.): Multiple Objective Decision Making. Methods and Applications. A State-of-the-Art Survey. Berlin: Springer, 1979.

[174]   -   and Yoon, Kwangsun (eds.): Multiple Attribute Decision Making. Methods and Applications. A State-of-the-Art Survey. Berlin: Springer, 1981.

[175]   Ignizio, James P.: Goal Programming and Extensions. Lexington: Lexington Books, 1976.

[176]   -   : On the (Re)Discovery of Fuzzy Goal Programming. Decision Sciences 13(1982)2, April, p. 331-336.

[177]   Isermann, Heinz: Strukturierung von Entscheidungsprozessen bei mehrfacher Zielsetzung. OR Spektrum 1(1979)1, S. 3-26.

[178]   -   : Optimierung bei mehrfacher Zielsetzung. In: Gal, Thomas (Hrsg.). Grundlagen des Operations Research. Bd. 1. Heidelberg: Springer 1987, S. 420-497.

[179]   Islei, Gerd; Lockett, Geoff; Cox, Barry and Stratford, Mike: A Decision Support System Using Judgmental Modeling. A Case of R&D in the Pharmaceutical Industry. IEEE Transaction on Engineering Management 38(1991)3, August, p. 202-209.

[180]   Iz, P. and Jelassi, M. T.: An Interactive Group Decision Aid for Multiobjective Problems. An Empirical Assessment. Omega 18(1990)6, p. 595-604.

[181]   Jacquet-Lagrèze, Eric et Siskos, Jean: Méthode de décision multicritère. Boulogne-Billancourt: Hommes et Techniques, 1983.

[182]   Jaeger, Arno: Multikriteria-Planung. In: Szyperski, Norbert und Winand, Udo (Hrsg.) Handwörterbuch der Planung. Stuttgart: Poeschel, 1989, Sp. 1199-1205.

[183]   Jensen, Robert E.: Scenario Probability Scaling. An Eigenvector Analysis of Elicited Scenario Odds Ratios. Futures 13(1981)6, December, p. 489-498.

[184]   -   : Reporting of Management Forecasts. An Eigenvector Model for Elicitation and Review of Forecasts. Decision Sciences 13(1982)1, January, p. 15-37.

[185]   -   : Aggregation (Composition) Schema for Eigenvector Scaling of Criteria Priorities in Hierarchical Structures. Multivariate Behavioral Research 18(1983)1, January, p. 63-84.

[186]   -   : Review of Forecasts. Scaling and Analysis of Expert Judgments Regarding Cross-Impact of Assumptions on Business Forecasts and Accounting Measures. Sarasota: American Accounting Association, 1983.

[187]   -   : An Alternative Scaling Method for Priorities in Hierarchical Structures. Journal of Mathematical Psychology 28(1984)3, September, p. 317-332.

[188]   -   and Spencer, Roger W.: Matrix Scaling of Subjective Probabilities of Economic Forecasts. Economic Letters 20(1986)3, p. 221-225.

[189]   Johnsen, Erik: Studies in Multiobjective Decision Models. Lund: Studentlitteratur, 1968.

[190]   Johnson, Charles R.; Beine, William B. and Wang, Theodore J.: Right-Left Asymmetry in an Eigenvector Ranking Procedure. Journal of Mathematical Psychology 19(1979)1, February, p. 61-64.

[191]   Jones, Marilyn S.; Maimborg, Charles J. and Agee, Marvin H.: Decision Support System Used for Robot Selection. Industrial Engineering 17(1985)9, September, p. 66-73.

[192]   Kamenetzky, Ricardo D.: The Relationship Between the Analytic Hierarchy Process and the Additive Value Function. Decision Sciences 13(1982)4, Autumn, p. 702-713.

[193]   Karpak, Birsen and Zionts, Stanley (eds.): Multiple Criteria Decision Making and Risk Analysis Using Microcomputers. Berlin: Springer, 1989.

[194]   Keeney, Ralph L.: Value-Focused Thinking and the Study of Values. In: Bell, David E.; Raiffa, Howard and Tversky, Amos (eds.). Decision Making. Descriptive, Normative, and Prescriptive Interactions. Cambridge: Cambridge University Press, 1988, p. 465-494.

[195]   -   and Raiffa, Howard: Decisions with Multiple Objectives. Preferences and Value Tradeoffs. New York: Wiley, 1976.

[196]   Kivijärvi, Hannu and Tuominen, Markku: Investment Justification in Logistics Systems. Lappeenranta: Lappeenranta University of Technology, 1989.

[197]   -   -   : Logistics Management. A Method for Evaluation of Production-Distribution Investments. International Journal of Production Economics 24(1991)1/2, November, p. 115-128.

[198]   Klaus, Joachim (Hrsg.): Entscheidungshilfen für die Infrastrukturplanung. Neuere Entwicklungen auf dem Gebiet der Analyse und Bewertung öffentlicher Projekte. Baden-Baden: Nomos, 1984.

[199]   Klee, Albert J.: The Role of Decision Models in the Evaluation of Competing Environmental Health Alternatives. Management Science 18(1971)2, October, p. B 52-67.

[200]   Klein, Gary and Beck, Philip O.: A Decision Aid for Selecting Among Information System Alternatives. MIS Quarterly 11(1987)2, June, p. 177-185.

[201]   Kleindorfer, Paul R. and Partovi, Fariborz Y.: Integrating Manufacturing Strategy and Technology Choice. European Journal of Operational Research 47(1990)2, p. 214-224.

[202]   Korhonen, Pekka J.: The Specification of a Reference Direction Using the Analytic Hierarchy Process. Mathematical Modelling 9(1987)3-5, p. 361-368.

[203]   -   : VIG. A Visual Interactive Support System for Multiple Criteria Decision Making. Belgian Journal of Operations Research, Statistics and Computer Science 27(1987)1, p. 3-15

[204]   -   : A Visual Reference Direction Approach to Solving Discrete Multiple Criteria Problems. European Journal of Operational Research 34(1988)1, p. 152-159.

[205]   -   and Laakso, Jukka: A Visual Interactive Method for Solving the Multiple Criteria Problem. European Journal of Operational Research 24(1986)2, p. 277-287.

[206]   -   and Soismaa, Margareta: An Interactive Multiple Criteria Approach to Ranking Alternatives. Journal of the Operational Research Society 32(1981)4, p. 577-585.

[207]   -   and Wallenius, Jyrki: Using Qualitative Data in Multiple Objective Linear Programming. European Journal of Operational Research 48(1990)1, p. 81-87.

[208]   Kottemann, Jeffrey E. and Davis, Fred D.: Decisional Conflict and User Acceptance of Multicriteria Decision-Making Aids. Decision Sciences 22(1991)4, September/October, p. 918-926.

[209]   Krause, Ulrich: Hierarchical Structures in Multicriteria Decision Making. In: Jahn, J. and Krabs, W. (eds.). Recent Advances and Historical Development of Vector Optimization. Heidelberg: Springer, 1987, p. 183-193.

[210]   Krovák, Jiri: Ranking Alternatives. Comparison of Different Methods Based on Binary Comparison Matrices. European Journal of Operational Research 32(1987)1, p. 86-95.

[211]   Lane, Eric F. and Verdini, William A.: A Constistency Test for AHP Decison Makers. Decision Sciences 20(1989)3, Summer, p. 575-590.

[212]   Lauro, George L. and Vepsalaien, Ari P.: Assessing Technology Portfolios for Contract Competition. An Analytic Hierarchy Process Approach. Socio-Economic Planning Sciences 20(1986)6, p. 407-415.

[213]   Lee, Sang M.: Goal Programming for Decision Analysis. Philadelphia: Auerbach, 1972.

[214]   -   : Lineare Optimization for Management. New York: Petrocelli/Charter, 1976.

[215]   -   : Goal Programming Methods for Multiple Objective Integer Programs. Norcross: American Institute of Industrial Engineers, 1979.

[216]   -   and Moore, Laurence J.: Introduction to Decision Science. New York: Petrocelli/Charter, 1975.

[217]   -   and Shim, Jung P.: Micro Management Science. Microcomputer Applications of Mangagement Science. 2nd ed. Boston: Allyn and Bacon, 1990

[218]   Liberatore, Matthew J.: R & D Project Selection. Telematics and Informatics 3(1986)4, p. 289-300.

[219]   -   : An Extension of the Analytic Hierarchy Process for Industrial R&D Project Selection and Resource Allocation. IEEE Transactions on Engineering Management 34(1987)1, February, p. 12-18.

[220]   Liebman, Judith; Lasdon, Leon; Schrage, Linus and Waren, Allan: Modeling and Optimization with GINO. San Francisco: Scientific Press, 1986.

[221]   Lillich, Lothar: Nutzwertverfahren. Heidelberg: Physica, 1992.

[222]   Lin, W. Thomas. A Survey of Goal Programming Applications. Omega 8(1980)1, p. 115-117.

[223]   -   ; Mock, Theodore J. and Wright, Arnold: The Use of the Analytic Hierarchy Process as an Aid in Planning the Nature and Extent of Audit Procedures. Auditing. A Journal of Practice and Theory 4(1984)1, Fall, p. 89-99.

[224]   Lin, Y.: A Model of General Systems. Mathematical Modelling 9(1987)2, p. 95-104.

[225]   Lockett, Geoff; Hetherington, Barrie; Yallup, Peter; Stratford, Mike and Cox, Barry: Modelling a Research Portfolio Using AHP. A Group Decision Process. R & D Management 16(1986)2, p. 151-160.

[226]   Lotfi, Vahid and Pegels, C. Carl: Decision Support Systems for Management Science/Operations Research. 2nd ed. Homewood: Irwin, 1992.

[227]   Lootsma, F. A.: Performance Evaluation of Nonlinear Optimization Methods via Pairwise Comparison and Fuzzy Numbers. Mathematical Programming 33(1985) , p. 93-114.

[228]   -   : Modélisation du jugement humain dans l'analyse multicritère au moyen de comparisons par paires. R.A.I.R.O. Recherche opérationelle/Operations Research 21(1987)3, août, p. 241-257.

[229]   -   : Conflict Resolution Via Pairwise Comparison of Concessions. European Journal of Operational Research 40(1989)1, p. 109-116.

[230]   -   : The French and the American School in Multi-Criteria Decision Analysis. Recherche opérationelle/Operations Research 24(1990)3, p. 263-285.

[231]   -   ; Boonekamp, P. G.; Cooke, R. M. and Van Oostvoorn, F.: Choice of a Long-Term Strategy for the National Electricity Supply via Scenario Analysis and Multi-Criteria Analysis. European Journal of Operational Research 48(1990)2, p. 189-203.

[232]   -   ; Meisner, J. and Schellemans, F.: Multi-Criteria Decision Analysis as an Aid to the Strategic Planning of Energy R & D. European Journal of Operational Research 25(1986)2, p. 216-234.

[233]   -   ; Mensch, T. C. and Vos, F.A.: Multi-Criteria Analysis and Budget Reallocation in Long-Term Research Planning. European Journal of Operational Research 47(1990)3, p. 293-305.

[234]   Ma, Da and Zheng, Xuequing: 9/9 - 9/1 Scale Method of AHP. In: Proceedings of the 2nd International Symposium on the Analytic Hierarchy Process. Vol. I. Pittsburgh: University of Pittsburg, 1991, p. 197-202.

[235]   MacCrimmon, Kenneth R.: Decisionmaking among Multiple-Attribute Alternatives. A Survey and Consolidated Approach. Santa Monica: Rand Corporation, 1968 = RM-4823-ARPA.

[236]   -   : An Overview of Multiple Objective Decision Making. In: Cochrane, James L and Zeleny, Milan (eds.). Multiple Criteria Decision Making. Columbia: University of South Carolina Press, 1973, p. 18-44.

[237]   Machina, Mark J.: Choice Under Uncertainty. Problems Solved and Unsolved. Journal of Economic Perspectives 1(1987)1, Summer, p. 121-154.

[238]   Mareschal, Bertrand: Weight Stability Intervals in Multicriteria Decision Aid. European Journal of Operational Research 33(1988)1, p. 54-64.

[239]   -   and Brans, J. P.: Geometrical Representations for MCDA. European Journal of Operational Research 34(1988)1, p. 69-77.

[240]   Marschak, Jacob: Guided Soul-Searching for Multi-Criteria Decisions. In: Zeleny, Milan (ed.). Multiple Criteria Decision Making. Heidelberg: Springer, 1976, p. 1-16.

[241]   Masri, Wa'el R.: Analysis of Multi-Attribute Decision Analysis (MADA) Software Products. M.S. thesis, Raleigh: North Carolina State University, 1992.

[242]   Mattessich, Richard: Instrumental Reasoning and Systems Methodology. An Epistemology of the Applied and Social Sciences. Dordrecht: Reidel, 1978.

[243]   McCarthy, Kevin J.: Comment on the "Analytic Delphi Method." International Journal of Production Economics 27(1992)2, May, p. 135-136.

[244]   Merunka, Dwight: La prise de décision en management. Paris Vuibert, 1987.

[245]   Meziani, A. S. and Rezvani, F.: Using the Analytical Hierarachy Process to Select a Financing Instrument for a Foreign Investment. Mathematical and Computer Modelling 13(1990)7, p. 77-82.

[246]   Miller, George A.: The Magical Number Seven, Plus or Minus Two. Some Limits on Our Capacity for Processing Information. The Psychological Review 63(1956)2, March, p. 81-97.

[247]   Millet, Ido and Harker, Patrick T.: Globally Effective Questioning in the Analytic Hierarchy Process. European Journal of Operational Research 48(1990)1, p. 88-97.

[248]   Min, Hokey and Sorbeck, James: On the Origin and Persistence of Misconceptions in Goal Programming. Journal of the Operational Research Society 42(1991)4, p. 301-312.

[249]   Mitroff, Ian L. and Emshoff, James R.: On Strategic Assumption-Making. A Dialectical Approach to Policy and Planning. Academy of Management Review 4(1979)1, p. 1-12.

[250]   -   -   and Kilmann, Ralph H.: Assumptional Analysis. A Methodology for Strategic Problem Solving. Management Science 25(1979)6, June, p. 583-593.

[251]   Mohanty, R. P.: Project Selection by a Multiple-Criteria Decision-Making Method. An Example from a Developing Country. International Journal of Project Management 10(1992)1, February, p. 31-38.

[252]   Morris, Richard L.: Integer Goal Programming. Methods, Computations, Applications. Ph. D. dissertation. Blacksburg: Virginia Polytechnik Institute and State University, 1976.

[253]   Morris, William T.: The Analysis of Management Decision. Homewood: Irwin, 1964.

[254]   Murthy, D. N. and Rodin, E. Y.: A Comparative Evaluation of Books on Mathematical Modelling. Mathematical Modelling 9(1987)1, p. 17-28.

[255]   Mustafa, Mohammad A.: Project Risk Assessment Using the Analytic Hierarchy Process. IEEE
Transactions on Engineering Management 38(1991)1, February, p. 46-52.

[256]   Narasimhan, Ram and Vickery, Shawnee K.: An Experimental Evaluation of Articulation of
Preferences in Multiple Criterion Decision-Making (MCDM) Methods. Decision Sciences 19(1988)4, p.
880-888.

[257]   Newman, J. Robert.: Differential Weighting in Multiattribute Utility Measurement. When it
Should Not and When it Does Make a Difference. Organizational Behavior and Human Performance
20(1977) , p. 312-325.

[258]   Nijkamp, Peter: Stochastic Quantitative and Qualitative Multicriteria Analysis for Environmental
Design. Papers of the Regional Science Association 39(1977), p. 175-199.

[259]   Olson, David L.: Opportunities and Limitations of AHP in Multiobjective Programming. Mathematical and Computer Modelling 11(1988) , p. 206-209.

[260]   -   : Review of Empirical Studies in Multiobjective Mathematical Programming. Subject
Reflection of Nonlinear Utility and Learning. Decision Sciences 23(1992)1, January/February, p. 1-20.

[261]   -   ; Venkataramanan, Munirpallam and Mote, John L.: A Technique Using Analytical Hierarchy Process in Multiobjective Planning Models. Socio-Economic Planning Sciences 20(1986), p. 361-
368.

[262]   Pastijn, Hugo and Leysen, Jan: Constructing an Outranking Relation with ORESTE. Mathematical and Computer Modelling 12(1989)10/11, p. 1255-1268.

[263]   Pfohl, Hans-Christian und Braun, Günther E.: Entscheidungstheorie. Normative und deskriptive
Grundlagen des Entscheidens. München: Moderne Industrie, 1981.

[264]   Pipino, L. L.; van Gigch, John P. and Tom, Gail: Experiments in the Representation and Mani-
pulation of Labels of Fuzzy Sets. Behavioral Science 26(1981)3, June, p. 216-228.

[265]   Proceedings of the 2nd International Symposium on the Analytic Hierarchy Process. 2 vol.
Pittsburgh: University of Pittsburgh, 1991.

[266]   Rabinowitz, George: Some Comments on Measuring World Influence. Journal of Peace
Science 2(1976)1, Spring, p. 49-55.

[267]   Ramanujam, Vasudevan and Saaty, Thomas L.: Technological Choice in the Less Developed
Countries. An Analytic Hierarchy Approach. Technological Forecasting and Social Change 19(1981)1,
p. 81-98.

[268]   Ramström, Dick: The Efficiency of Control Strategies. Communication and Decision-Making
in Organizations. Stockholm: Almqvist & Wiksell, 1967.

[269]   Roberts, Fred S.: What If Utility Functions Do Not Exist? Theory and Decision 3(1972)2, p. 126-139.

[270]   -   : Measurement Theory with Applications to Decisionmaking, Utility, and the Social Sciences. Reading: Addison-Wesley, 1979.

[271]   Romero, Carlos: A Survey of Generalized Goal Programming (1970-1982). European Journal of Operational Research 25(1986)2, p. 183-191.

[272]   -   : Handbook of Critical Issues in Goal Programming. Oxford: Pergamon Press, 1991.

[273]   Rosenkranz, Friedrich: An Introduction to Corporate Modeling. Durham: Duke University Press, 1979.

[274]   -   : Unternehmensplanung. Grundzüge der modell- und computergestützten Planung mit Übungen. München: Oldenbourg, 1990.

[275]   Roubens, Marc: Preference Relations on Actions and Criteria in Multicriteria Decison Making. European Journal of Operational Research 10(1982)1, May, p. 51-55.

[276]   Roy, Bernard: Electre III. Un Algorithme de classements fondé sur une représentation floué des preferences en présence de critères multiples. Cahiers du Centre d'Etudes de Recherche Opérationelle 20(1978)1, p. 3-24.

[277]   -   : Selektieren, Sortieren und Ordnen mit Hilfe von Prävalenzrelationen. Neue Ansätze auf dem Gebiet der Entscheidungshilfe für Multikriteria-Probleme. Schmalenbachs Zeitschrift für betriebswirtschaftliche Forschung 32(1980)6, S. 465-497.

[278]   -   : Méthodologie Multicritère d'Aide à la Décision. Paris: Economica, 1985.

[279]   -   : Decision-Aid and Decision-Making. European Journal of Operational Research 45(1990)2/3, p. 324-331.

[280}   -   and Vincke, Philippe: Multicriteria Analysis. Survey and New Directions. European Journal of Operational Research 8(1981)3, p. 207-218.

[281]   -   -   et Brans, J. Pierre: Aide à la décision multicritère. Revue Belge de Statistique, d'Informatique et de Recherche Opérationelle 15(1975)4, p. 23-53.

[282]   Saaty, R. W.: The Analytic Hierarchy Process. What it is and How it is Used. Mathematical Modelling 9(1987)3-5, p. 161-176.

[283]   Saaty, Thomas L.: A Scaling Method for Priorities in Hierarchical Structures. Journal of Mathematical Psychology 15(1977)3, June, p. 234-281.

[284]   -   : Scenarios and Priorities in Transport Planning. Application to the Sudan. Transportation Research 11(1977)3, p. 343-360.

[285]   -   : The Sudan Transport Study. Interfaces 8(1977)1, Part 2, November, p. 37-57.

[286]   -   : Modeling Unstructured Decision Problems. The Theory of Analytical Hierarchies. Mathematics and Computers in Simulation 20(1978) , p. 147-158.

[287]   -   : Applications of Analytical Hierarchies. Mathematics and Computers in Simulation 21(1979)1, p. 1-20.

[288]   -   : Mathematical Modeling of Dynamic Decisions. Priorities and Hierarchies with Time Dependence. Mathematics and Computers in Simulation 21(1979)4, p. 352-358.

[289]   -   : Priority Setting in Complex Problems. In: Hansen, Pierre (ed.). Essays and Surveys on Multiple Criteria Decision Making. Berlin: Springer, 1982, p. 326-336.

[290]   -   : Theory of Measurement of Impacts and Interactions in Systems. In: Cavallo, Roger (ed.). Systems Methodology in Social Science Research. Recent Developments. Dordrecht: Kluwer, 1982, p. 94-110.

[291]   -   : Priority Setting in Complex Problems. IEEE Transactions on Engineering Management 30(1983)3, August, p. 140-155.

[292]   -   : Multicriterion Decisions in Systems with Feedback. In: Avula, Xavier J.; Kalman, Rudolf E.; Liapis, Anthanasios I. and Rodin, Ervin Y. (eds.): Mathematical Modelling in Science and Technology. New York: Pergamon, 1984, p. 26-36.

[293]   -   : Axiomatization of the Analytic Hierarchy Process. In: Haimes, Yacov Y. and Chankong, Vira (eds.). Decision Making with Multiple Objectives. Heidelberg: Springer, 1985, p. 91-108.

[294]   -   : Absolute and Relative Measurement with the AHP. The Most Livable Cities in the United States. Socio-Economic Planning Sciences 20(1986)6, p. 327-331.

[295]   -   : A Note on the AHP and Expected Value Theory. Socio-Economic Planning Sciences 20(1986)6, p. 397-398.

[296]   -   : Axiomatic Foundation of the Analytic Hierarchy Process. Management Science 32(1986)7, July, p. 841-855.

[297]   -   : Exploring Optimization Through Hierarchies and Ratio Scales. Socio-Economic Planning Sciences 20(1986)6, p. 355-360.

[298]   -   : A New Macroeconomic Forecasting and Policy Evaluation Method Using the Analytic Hierarchy Process. Mathematical Modelling 9(1987)3-5, p. 219-231.

[299]   -   : How to Handle Dependence with the Analytic Hierarchy Process. Mathematical Modelling 9(1987)3-5, p. 369-376.

[300]   -   : Rank According to Perron. A New Insight. Mathematics Magazine 60(1987)4, October, p. 211-213.

[301]   -   : Rank Generation, Preservation, and Reversal in the Analytic Hierarchy Decison Process. Decision Sciences 18(1987)2, Spring, p. 157-177.

[302]   -   : Risk. Its Priority and Probability. The Analytic Hierarchy Process. Risk Analysis 7(1987)2.

[303]   -   : Decision Making, Scaling, and Number Crunching. Decision Sciences 20(1989)2, Spring, p. 404-409.

[304]   -   : An Exposition of the AHP in Reply to the Paper "Remarks on the Analytic Hierarchy Process". Management Science 36(1990)3, March, p. 259-268.

[305]   -   : Decision Making for Leaders. The Analytic Hierarchy Process for Decisions in a Complex World. 2nd ed. Pittsburgh: RWS Publications, 1990.

[306]   -   : Eigenvector and Logarithmic Least Squares. European Journal of Operational Research 48(1990)1, p. 156-160.

[307]   -   : How to Make a Decision. The Analytic Hierarchy Process. European Journal of Operational Research 48(1990)1, p. 9-26.

[308]   -   : Multicriteria Decision Making. The Analytic Hierarchy Process. Planning, Priority Setting, Resource Allocation. 2nd ed. Pittsburgh: RWS, 1990.

[309]   -   : Response to Holder's Comments on the Analytic Hierarchy Process. Journal of the Operational Research Society 41(1991)10, p. 909-914.

[310]   -   : Response to the Response to Response. Journal of the Operational Research Society 41(1991)10, p. 918-924.

[311]   -   and Alexander, Joyce M.: Thinking with Models. Mathematical Models in the Physical, Biological, and Social Sciences. Oxford: Pergamon Press, 1981.

[312]   -   -   : Conflict Resolution: The Analytic Hierarchy Approach. New York: Praeger, 1989.

[313]   -   and Bennett, J. P.: A Theory of Analytical Hierarchies Applied to Political Candidacy. Behavioral Science 22(1977)4, August, p. 237-245.

[314]   -   and Erdener, Eren: A New Approach to Performance Measurement. The Analytic Hierarchy Process. Design Methods and Theories 13(1979)2, p. 64-72.

[315]   -   ; France, James W. and Valentine, Kathleen. R.: Modeling the Graduate Business School Admission Process. Socio-Economic Planning Sciences 25(1991)2, p. 155-162.

[316]   -   and Gholamnezhad, A. H.: Oil Prices. 1985 and 1990. Energy Systems and Policy 5(1981)4, p. 303-318.

[317]   -   -   : High-Level Nuclear Waste Management. Analysis of Options. Environment and Planning 9(1982 B)2, p. 181-196.

[318]   -   and Kearns, Kevin P.: Analytical Planning. The Organization of Systems. Pittsburgh: RWS Publications, 1991.

[319]   -   and Khouja, Mohamad W.: A Measure of World Influence. Journal of Peace Science 2(1976)1, Spring, p. 31-48.

[320]   -   and Mariano, Reynaldo S.: Rationing Energy to Industries. Priorities and Input-Output Dependence. Energy Systems and Policy 3(1979)1, January, p. 85-111.

[321]   -   and Rogers, Paul C.: Higher Education in the United States (1985-2000). Scenario Construction Using a Hierarchical Framework with Eigenvector Weighting. Socio-Economic Planning Sciences 10(1976)6, p. 251-265.

[322]   -   -   and Pell, Ricardo: Portfolio Selection through Hierarchies. The Journal of Portfolio Management 6(1980)3, Spring, p. 16-21.

[323]   -   and Takizawa, Masahiro: Dependence and Independence. From Linear Hierarchies to Nonlinear Networks. European Journal of Opertional Research 26(1986)1, July, p. 229-237.

[324]   -   and Vargas, Luis G.: Estimating Technological Coefficients by the Analytic Hierarchy Process. Socio-Economic Planning Sciences 13(1979)6, p. 333-336.

[325]   -   -   : The Legitimacy of Rank Reversal. Omega 12(1984)5, p. 513-516.

[326]   -   -   : Comparison of Eigenvalue, Logarithmic Least Squares and Least Squares Methods in Estimating Ratios. Mathematical Modelling 5(1984), p. 309-324.

[327]   -   -   : Inconsistency and Rank Preservation. Journal of Mathematical Psychology 28(1984)2, June, p. 205-214.

[328]   -   -   : Stimulus-Response with Reciprocal Kernels. The Rise and Fall of Sensation. Journal of Mathematical Psychology 31(1987)1, March, p. 93-103.

[329]   -   -   : Uncertainty and Rank Order in the Analytic Hierarchy Process. European Journal of Operational Research 32(1987)1, p. 107-117.

[330]   -   -   : The Logic of Priorities. Applications of the Analytic Hierarchy Process in Business, Energy, Health, and Transportation. Pittsburgh: RWS Publications, 1991.

[331]   -   -   : Prediction, Projection and Forecasting. Applications of the Analytic Hierarchy Process in Economics, Finance, Politics, Games and Sports. Boston: Kluwer, 1991.

[332]   -   -   and Barzilay, Amos: High-Level Decisions. A Lesson from the Iran Hostage Rescue Operation. Decision Sciences 13(1985)2, April, p. 185-206.

[333]   -   -   and Wendell, R. E.: Assessing Attribute Weights by Ratios. Omega 11(1983)1, p. 9-12.

[334]   Sarin, Rakesh K.: Strength of Preference and Risky Choice. Operations Research 30(1982)5, September-October, p. 982-997.

[335]   Schärllg, Alain: Décider sur plusieurs critères. Panorama de l'aide à la décision multicritère. Lausanne: Presses Polytechniques Romandes, 1985

[336]   Schlaifer, Robert. Computer Programs for Elementary Decision Analysis. Boston: Harvard University, 1971.

[337]   Schmidt, J. W. and Taylor, R. E.: Simulation and Analysis of Industrial Systems. Homewood: Irwin, 1970.

[338]   Schneeweiß, Christoph: Beispiele zum Verständnis der Nutzwertanalyse und der Multi-Attributiven Nutzentheorie. WiSt. Wirtschaftswissenschaftliches Studium 19(1990)1, Januar, S. 50-52.

[339]   -   : Kostenwirksamkeitsanalyse, Nutzwertanalyse und Multi-Attributive Nutzentheorie. WiSt. Wirtschaftswissenschaftliches Studium 19(1990)1, Januar, S. 13-18.

[340]   -   : Planung 1. Systemanalytische und entscheidungstheoretische Grundlage. Berlin: Springer, 1991.

[341]   -   : Der Analytic Hierarchy Process als spezielle Nutzwertanalyse. In: Fandel, Günter und Gehring, Hermann (Hrsg.). Operations Research. Beiträge zur quantitativen Wirtschaftsforschung. Thomas Gal zum 65. Geburtstag. Heidelberg: Springer, 1991, S. 183-195.

[342]   Schoemaker, Paul J. and Waid, C. Carter: An Experimental Comparison of Different Approaches to Determining Weights in Additive Utility Models. Management Science 28(1982)2, February, p. 182-196.

[343]   Schoner, Bertram: Relative Priority Shifts and Rank Reversals in AHP. In: Proceedings of the 2nd International Symposium on the Analytic Hierarchy Process. Pittsburgh: University of Pittsburgh, 1991, p. 121-131.

[344]   -   and Wedley, William C.: Ambiguous Criteria Weights in AHP. Consequences and Solutions. Decision Sciences 20(1989)3, Summer, p. 462-475.

[345]   Schwartz, Rick G. and Oren, Shmuel S.: Using Analytic Hierarchies for Consumer Research and Market Modeling. Mathematical and Computer Modelling 11(1988) , p. 266-271.

[346]   Seidmann, A. and Arbel, A.: An Analytic Approach for Planning Computerized Office Systems. Omega 11(1983)6, p. 607-617.

[347]   Shim, Jung P.: Bibliographical Research on the Analytic Hierarchy Process (AHP). Socio-Economic Planning Sciences 23(1989)3, p. 162-167.

[348]   -   and Olson, David L.: A Note on the Analytic Hierarchy Process. Expert Choice vs. Spreadsheet. Mississipi State: Mississipi State University (1988).

[349]   Shoemaker, Paul J.: The Expected Utility Model. Its Variants, Purposes, Evidence and Limitations. Journal of Economic Literature 20(1982), June, p. 529-563.

[350]   Simon, Herbert: Administrative Behaviour. A Study of Decision-Making Processes in Administrative Organization. 2nd ed. New York: Macmillan, 1957.

[351]   Solymosi, Tamás and Dombi, József: A Method for Determining the Weights of Criteria. The Centralized Weights. European Journal of Operational Research 26(1986)1, p. 35-41.

[352]   Spronk, Jaap: Interactive Multiple Goal Programming. Applications to Financial Planning. Boston: Nijhoff, 1981.

[353]   Srinivasan, Venkat: A Conjunctive-Compensatory Approach to the Self-Explication of Multiattributed Preferences. Decision Sciences 19(1988)2, p. 295-305.

[354]   -   and Bolster, Paul J.: An Industrial Bond Rating Model Based on the Analytic Hierarchy Process. European Journal of Operational Research 48(1990)1, p. 105-119.

[355]   -   and Shocker, Allan D.: Linear Programming Techniques for Multidimensional Analysis of Preferences. Psychometrika 38(1973)3, p. 337-369.

[356]   Steenge, Albert E.: Saaty's Consistency Analysis. An Application to Problems in Static and Dynamic Input-Output Models. Socio-Economic Planning Sciences 20(1986)3, p. 173-180.

[357]   -   : Consistency and Composite Numeraires in Joint Production Input-Output Analysis. An Application of Ideas of T. L. Saaty. Mathematical Modelling 9(1987)3-5, p. 233-241.

[358]   -   ; Bulten, A. and Peters, F. G.: The Decentralization of a Sales Support Department in a Medium-Large Company. A Quantitative Assessment Based on Ideas of Thomas L. Saaty and Stafford Beer. European Journal of Operational Research 48(1990)1, p. 120-127.

[359]   Steuer, Ralph E.: Multiple Objective Linear Programming with Interval Criterion Weights. Management Science 23(1976)3, November, p. 305-316.

[360]   -   : Multiple Criteria Optimization. Theory, Computation, and Application. New York: Wiley, 1986.

[361]   Stevens, S. S.: On the Theory of Scales of Measurement. Science 103(1946)2684, June 7, p. 677-680.

[362]   -   : On the Psychophysical Law. The Psychological Review 64(1957)3, May, p. 153-181.

[363]   -   : Mathematics, Measurement, and Psychophysics. In: Stevens, S. S. (ed.): Handbook of Experimental Psychology. New York: Wiley, 1959, p. 1-49.

[364]   -   : Measurement, Psychophysics, and Utility. In:Churchman, C. West and Ratoosh, Philburn (eds.): Measurement. Definitions and Theories. New York: Wiley, 1962, p. 18-63.

[365]   Stewart, T. J.: A Critical Survey on the Status of Multiple Criteria Decision Making Theory and Practice. Omega 20(1992)5/6, p. 569-586.

[366]   Stout, David E.; Liberatore, Matthew J. and Monahan, Thomas F.: Decison Support Software for Capital Budgeting. Management Accounting 73(1991)1, July, p. 50-53.

[367]   Sugden, Robert: Why Be Consistent? A Critical Analysis of Consistency Requirements in Choice Theory. Economica 52(1985)206, p. 167-183.

[368]   Sullivan, William G.: Models IEs Can Use to Include Strategic, Non-Monetary Factors in Automation Decisions. Industrial Engineering 18(1986)3, March, p. 42-50.

[369]   Swenson, P. A. and McCahon, C. S.: A MADM Justification of a Budget Reduction Decision. Omega 19(1991)6, p. 539-548.

[370]   Sygenex: Criterium Decision Sampler. Redmond: Sygenex Inc. 1989.

[371]   -   : Criterium Reference Guide. Redmond: Sygenex Inc., 1989.

[372]   -   : Criterium User's Guide. Redmond: Sygenex Inc., 1989.

[373]   Taha, Hamdy A.: Operations Research. An Introduction. 4th ed. New York: Macmillan, 1987.

[374]   Takeda, E.; Cogger, K. O. and Yu, P. L.: Estimating Criterion Weights Using Eigenvectors. A Comparative Study. European Journal of Operational Research 29(1987)4, p. 360-369.

[375]   -   ; Yu, P. L. and Cogger, K. O.: A Comparative Study of Eigen Weight Vectors. In: Haimes, Yacov Y. and Chankong, Vira (eds.). Decision Making with Multiple Objectives. Heidelberg: Springer, 1985, p. 388-399.

[376]   Tarimcilar, M. Murat and Khaksari, Shahriar Z.: Capital Budgeting in Hospital Mangagement Using the Analytic Hierarchy Process. Socio-Economic Planning Sciences 25(1991)1, p. 27-34.

[377]   Teghem, Jacques, Jr.; Delhaye C. and Kunsch, Pierre L.: An Interactive Decision Support System (IDSS) for Multicriteria Decision Aid. Mathematical and Computer Modelling 12(1989)10/11, p. 1311-1320.

[378]   Torgerson, Warren S.: Theory and Methods of Scaling. New York: Wiley, 1967.

[379]   Toshtzar, Manoochehr: Multi-Criteria Decision Making Approach to Computer Software Evaluation. Application of the Analytical Hierarchy Process. Mathematical and Computer Modelling 11(1988), p. 276-281.

[380]   Troutt, Marvin D.: Rank Reversal and the Dependence of Priorities on the Underlying MAV Function. Omega 16(1988)4, p. 365-367.

[381]   Trzebiner, Ryszard: Computergestützte Lösung von Entscheidungsmodellen unter mehrfacher Zielsetzung. Diss. Gießen, 1989.

[382]   Tscheulin, Dieter K.: Ein empirischer Vergleich der Eignung von Conjoint-Analyse und "Analytic Hierarchy Process" (AHP) zur Neuproduktplanung. Zeitschrift für Betriebswirtschaft 61(1991)11, November, S. 1267-1280.

[383]   Tsokos, Chris P. and Thrall, Robert M. (eds.): Decision Information. New York: Academic Press, 1979.

[384]   Tummala, V. M. Rao; Smith, Jeffrey R. and Uppuluri, V. R. R.: Evaluating Commercial Credit Decisions by Analytic Hierarchy Process. ASCI Journal of Management 12(1982/83)1/2, September-March, p. 48-56.

[385]   Tversky, Amos: Intransitivity of Preferences. Psychological Review 76(1969)1, January, p. 31-48.

[386]   -   : Choice by Elimination. Journal of Mathematical Psychology 9(1972)3, p. 341-367.

[387]   -   : Elimination by Aspects. A Theory of Choice. Psychological Review 79(1972)4, July, p. 281-299.

[388]   -   : A Critique of Expected Utility Theory. Descriptive and Normative Considerations. Erkenntnis 9(1975)5, August, p. 163-173.

[389]   Vachnadze, R. G. and Markozashvili, N. I.: Some Applications of the Analytic Hierarchy Process. Mathematical Modelling 9(1987)3-5, p. 185-191.

[390]   Vanderpooten, Daniel: The Interactive Approach in MCDA. A Technical Framework and Some Basic Conceptions. Mathematical and Computer Modelling 12(1989)10, p. 1213-1220.

[391]   -   and Vincke, Philippe: Description and Analysis of Some Representative Interactive Multicriteria Procedures. Mathematical and Computer Modelling 12(1989)10, p. 1221-1238.

[392]   Vansnick, Jean-Claude: On the Problem of Weights in Multiple Criteria Decision Making (The Noncompensatory Approach). European Journal of Operational Research 24(1986)3, p. 288-294.

[393]   Vargas, Luis G.: Reciprocal Matrices with Random Coefficients. Mathematical Modelling 3(1982)1, p. 69-81.

[394]   -   : Analysis of Sensitivity of Reciprocal Matrices. Applied Mathematics and Computation 12(1983) , p. 301-320.

[395]   -   : Prediction and the Analytic Hierarchy Process. Mathematics and Computers in Simulation 25(1983)2, p. 156-167.

[396]   -   : Utility Theory and Reciprocal Pairwise Comparisons. The Eigenvector Method. Socio-Economic Planning Sciences 20(1986)6, p. 387-391.

[397]   -   : Priority Theory and Utility Theory. Mathematical Modelling 9(1987)3-5, p. 381-385.

[398]   -   : An Overview of the Analytic Hierarchy Process and Its Applications. European Journal of Operational Research 48(1990)1, p. 2-8.

[399]   -   and Dougherty, John J., III: The Analytic Hierarchy Process and Multicriterion Decision Making. American Journal of Mathematical and Management Sciences 2(1982)1, p. 59-92.

[400]   -   and Saaty, Thomas L.: Financial and Intangible Factors in Fleet Lease or Buy Decision. Industrial Marketing Management 10(1981)1, p. 1-10.

[401]   Varney, Mark S.; Sullivan, William G. and Cochran, Jeffrey K.: Justification of Flexible Manufacturing Systems with the Analytical Hierarchy Process. Institute of Industrial Engineers. 1985 Annual International Industrial Engineering Conference Proceedings, p. 181-190.

[402]   Veit, Clairice T.: Ratio and Subtractive Processes in Psychophysical Judgment. Journal of Experimental Psychology. General 107(1978)1, March, p. 81-107.

[403]   Vincke, Philippe: Analysis of Multicriteria Decision Aid in Europe. European Journal of Operational Research 25(1986)1, p. 160-168.

[404]   -   : Multicriteria Decision-Aid. Chichester: Wiley, 1989.

[405]   von Känel, S.: Einführung in die Kybernetik für Oekonomen. 2. Auflg. Berlin: Die Wirtschaft, 1972.

[406]   von Winterfeldt, Detlof and Edwards, Ward: Decision Analysis and Behavioral Research. Cambridge: Cambridge University Press, 1986.

[407]   Wabalickis, Roger N.: Justification of FMS with the Analytic Hierarchy Process. Journal of Manufacturing Systems 7(1989)3, p. 175-182.

[408]   Wallenius, J. and Zionts, S.: A Research Project on Multicriteria Decision Making. In: Bell, David E.; Keeney, Ralph L. and Raiffa, Howard (eds.). Conflicting Objectives in Decisions. Chichester: Wiley, 1977, p. 76-96.

[409]   Wang, Mao-Jiun J.; Singh, Haymwantee P. and Huang, Wilfred V.: A Decision Support Systems for Robot Selection. Decision Support Systems 7(1991)3, p. 273-283.

[410]   Watson, S. R. and Freeling, A. N.: Assessing Attribute Weights. Omega 10(1982)6, p. 582-583.

[411]   -   -   : Comment on: Assessing Attribute Weights by Ratios. Omega 11(1983)1, p. 13.

[412]   Weber, Karl: Wirtschaftsprognostik. München: Vahlen, 1990.

[413]   -   : Multikriterielle Analyse- und Entscheidungsmethoden. Die Unternehmung 45(1991)6, Dezember/Januar, S. 396-411.

[414]   -   : Projektevaluation bei CIM. io Management Zeitschrift 60(1991)7/8, S. 53-56.

[415]   -   : Multiattribute Decision Analysis. The Analytic Hierarchy Process. In: Gritzmann, Peter; Hettich, Rainer; Horst, Reiner and Sachs, Ekkehard (eds.). Operations Research '91. Heidelberg: Physica, 1992, p. 621-624.

[416]   -   ; Trzebiner, Richard und Tempelmeier, Horst: Simulation mit GPSS. Lehr- und Handbuch zu GPSS (General Purpose Simulation System) mit wirtschaftswissenschaftlichen Anwendungsbeispielen. Bern: Haupt, 1983.

[417]   Weber, Martin; Eisenfuhr, Franz and von Winterfeldt, Detlof: The Effects of Splitting Attributes on Weights in Multiattribute Utility Measurement. Mangement Science 34(1988)4, April, p. 431-445.

[418]   Weber, Stephen F.: AutoMan. Decision Support Software for Automated Manufacturing Investments. User Manual. Washington: U.S. Department of Commerce, National Institute of Standards and Technology, 1989 = NISTIR 89-4116.

[419]   Wedley, William C.: Combining Qualitative and Quantitative Factors. An Analytic Hierarchy Approach. Socio-Economic Planning Sciences 24(1990)1, p. 57-64.

[420]   Weiss, Elliott N.: Using the Analytic Hierarchy Process in a Dynamic Environment. Mathematical Modelling 9(1987)3-5, p. 211-216.

[421]   -   : Fly Now or Fly Later? The Delayed Consumption Problem. European Journal of Operational Research 48(1990)1, p. 128-135.

[422]   -   and Rao, Vithala R.: AHP Design Issues for Large-Scale Systems. Decision Sciences
18(1987)1, Winter, p. 43-61.

[423]   Whipple, Thomas W. and Simmons, Karen A.: Using the Analytic Hierarchy Process to Assess
Gender Differences in the Evaluation of Microcomputer Vendors. Journal of the Academy of Marketing
Science 15(1987)2, Summer, p. 33-41.

[424]   White, D. J.: A Selection of Multi-Objective Interactive Programming Methods. In: French, S.;
Hartley, G.; Thomas, M. and White, D. (eds.). Multiobjective Decision Making. London: Academic Press,
1983, p. 99-126.

[425]   Whyte, Lancelot C.; Wilson, Albert G. and Wilson, Donna (eds.): Hierarchical Structures. New
York: American Elsevier, 1969.

[426]   Williams, Cindy and Crawford, Gordon: Analysis of Subjective Judgment Matrices. Santa Monica: Rand, 1980 = R-2572-AF.

[427]   Wilson, George R. and Jain, Hemant K.: An Approach to Postoptimality and Sensitivity
Analysis of Zero-One Goal Programs. Naval Research Logistics 35(1988)1, February, p. 73-84.

[428]   Wind, Yoram: An Analytic Hierarchy Process Based Approach to the Design and Evaluation
of a Marketing Driven Business and Corporate Strategy. Mathematical Modelling 9(1987)3-5, p. 285-291.

[429]   -   and Douglas, Susan: International Portfolio Analysis and Strategy. The Challenge of the
80s. Journal of International Business Studies 12(1981)2, Fall, p. 69-82.

[430]   -   and Saaty, Thomas L.: Marketing Applications of the Analytic Hierarchy Process. Management Science 26(1980)7, July, p. 641-658.

[431]   Winkler, Robert L.: Decision Modeling and Rational Choice. AHP and Utility Theory. Management Science 36(1990)3, March, p. 247-248.

[432]   Wu, Nesa L'abbe: A Note on an Application of the Analytic Hierarchy Process. Decision
Sciences 18(1987)4, Autumn, p. 687-688.

[433]   Yager, Ronald R.: Fuzzy Decision Making Including Unequal Objectives. Fuzzy Sets and Systems 1(1978)1, p. 87-95.

[434]   -   : An Eigenvalue Method of Obtaining Subjective Probabilities. Behavioral Science
24(1979)6, December, p. 382-287.

[435]   Yu, Po-Lung: Multiple-Criteria Decision Making. Concepts, Techniques, and Extensions. New
York: Plenum Press, 1985.

[436]   Yurkiewicz, Jack: Educational Operations Research Software. A Review. Interfaces 18(1988)4, July-August, p. 59-71.

[437]   Zahedi, Fatemeh: Data-Base Management System Evaluation and Selection Decisions. Decision Sciences 16(1985)1, Winter, p. 91-116.

[438]   -   : A Simulation Study of Estimation Methods in the Analytic Hierarchy Process. Socio-Economic Planning Sciences 20(1986)6, p. 347-354.

[439]   -   : The Analytic Hierarchy Process. A Survey of the Method and its Applications. Interfaces 16(1986)4, July-August, p. 96-108.

[440]   -   : A Utility Approach to the Analytic Hierarchy Process. Mathematical Modelling 9(1987)3-5, p. 387-395.

[441]   -   : A Method for Quantitative Evaluation of Expert Systems. European Journal of Operational Research 48(1990)1, September, p. 136-147.

[442]   Zanakis, Stelios H.: A Multicriteria Approach for Library Needs Assessment and Budget Allocation. Socio-Economic Planning Sciences 25(1991)3, p. 233-245.

[443]   -   ; Kara, A.; Sahay, S. and Sivasubramaniam, N.: An Analytic Evaluation of Microcomputer Educational OR/MS Software. Omega 19(1991)6, p. 639-649.

[444]   Zangemeister, Christof: Nutzwertanalyse in der Systemtechnik. 4. Auflg. München: Wittmannsche Buchhandlung, 1976.

[445]   Zeleny, Milan (ed.): Multiple Criteria Decision Making. Heidelberg: Springer, 1976.

[446]   -   : Multiple Criteria Decision Making. New York: McGraw-Hill, 1982.

[447]   -   : Cognitive Equilibrium. A New Paradigm of Decision Making? Human Systems Management 8(1989), p. 185-188.

[448]   -   : Multicriteria Decision Making. In: Systems and Control Encyclopedia. Supplement 1. Oxford: Pergamon, 1990, p. 431-437.

[449]   Zimmermann, Hans-Jürgen: Fuzzy Sets, Decision Making, and Expert Systems. Boston: Kluwer, 1987.

[450]   -   : Fuzzy Set Theory and its Applications. 2nd ed. Boston: Kluwer, 1991.

[451]   -   und Gutsche, Lothar: Multi-Criteria Analyse. Einführung in die Theorie der Entscheidungen bei Mehrfachzielsetzungen. Berlin: Springer, 1991.

[452]   Zionts, Stanley: Integer Linear Programming with Multiple Objectives. Annals of Discrete Mathematics 1(1977), p. 551-562.

[453]   -   : Multiple Criteria Problem Solving. Berlin: Springer, 1978.

[454]   -   and Wallenius, Jyrki: An Interactive Programming Method for Solving the Multiple Criteria Problem. Management Science 22(1976)6, February, p. 652-663.

[455]   -   -   : An Interactive Multiple Objective Linear Programming Method for a Class of Underlying Nonlinear Utility Functions. Management Science 29(1983)5, May, p. 519-529.

[456]   Zurmühl, Rudolf: Praktische Mathematik für Ingenieure und Physiker. 5. Auflg. Berlin: Springer, 1965.

Schlagwortverzeichnis